もくじ

教育出版版　社会公民

テストの範囲や学習予定日をかこう！

学習計画	
出題範囲	学習予定日
5/14 テストの日	5/10
	5/11

写真提供：公益社団法人日本臓器移植ネットワーク（敬称略）

教科書 p.14～p.19

第1章 私たちの暮らしと現代社会

1節 私たちが生きる現代社会

❶インターネット
コンピューターどうしの情報のやりとり。

❷グローバル化
人やものなどが国境を越えて移動する。

❸情報通信技術
携帯電話など情報通信機器の技術。

❹情報化
情報中心の社会に変容する。

❺人工知能
知的活動をコンピューターに行わせるための研究や技術。

❻SNS
ソーシャルメディアのひとつ。

❼少子化
子どもの数が減少。

❽高齢化
65歳以上の人が増加。

❾少子高齢化
子どもが減少し，高齢者の割合が増加。

❿核家族世帯
夫婦だけ，あるいは親と子だけの世帯。

テストに出る！ ココが要点 解答 p.1

1 つながる私たちと世界 教 p.14～p.15

▶ (❶　　　　　)の普及により，多くの情報を手に入れることやオンラインでの取引が可能に。

▶ (❷　　　　　)…人，もの，お金，情報が国境を越えて地球規模で移動するようになった。

- 国際社会には，地球温暖化，金融危機，紛争，テロ，人権問題などの課題も多い。
- 諸外国と支え合い連携する国際分業により成り立つ。

2 急速に発展する情報社会 教 p.16～p.17

▶ (❸　　　　　)(ICT)の発展により，多くの人どうしで情報の共有やコミュニケーションが可能に。
→(❹　　　　　)。

- 家電製品など，あらゆるものがインターネットでつながること(IoT：Internet of Things)により，暮らしや社会が変化。

▶ (❺　　　　　)(AI)技術の進歩やビッグデータ分析により，緊急地震速報など，災害時の防災情報の発信が可能に→安全な暮らしの実現が期待される。

▶ (❻　　　　　)(ソーシャル・ネットワーキング・サービス)…同じ価値観をもった人どうしでつながることで，かたよった意見や情報だけを得てしまう可能性がある。

- インターネットやSNSの利用機会が増える→正しい情報を判断する能力(メディアリテラシー)を身につけることが大切。

3 誰もが活躍できる社会へ 教 p.18～p.19

▶ (❼　　　　　)…合計特殊出生率が減少，
(❽　　　　　)…総人口に占める65歳以上の人(高齢者)の割合が増える→(❾　　　　　)。

- 少子化が進むと「生産年齢人口」が減少し，国の経済力が低下してしまうため対策が必要。

▶ 親と未婚の子ども，あるいは夫婦だけの(❿　　　　　)世帯が増加。

- すべての人々が，ともに豊かに暮らせる社会を目ざす。

ココが要点の答えになります。

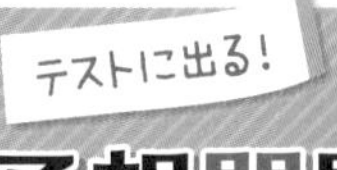

予想問題 1節 私たちが生きる現代社会

30分

/100点

1 次の文を読んで，あとの問いに答えなさい。

8点×6〔48点〕

現代社会では，a人・もの・お金・情報が国境を超え地球規模で行き来している。なかでもインターネットなどの（ A ）の普及(ふきゅう)は，社会における情報の価値を高めた。このようにb情報中心の社会になることを（ B ）という。また，（ C ）という諸外国との連携(れんけい)が進む一方，先進国と発展途上国(とじょうこく)との間には経済的な格差が広がっている。

(1) A～Cにあてはまる語句をそれぞれ書きなさい。

A（　　　）B（　　　）C（　　　）

(2) 下線部aのことを何といいますか。（　　　）

(3) 下線部bのような社会で必要となる，正しい情報を判断する能力を何といいますか。

（　　　）

(4) あらゆるものがインターネットでつながることを何といいますか。次から選びなさい。

ア ICT　イ IT　ウ IoT　エ CT　（　　）

2 次の文を読んで，あとの問いに答えなさい。

(4)12点，他8点×5〔52点〕

日本では，1970年代から，子どもの出生数がa緩(ゆる)やかに減少している。家族形態も変化し，近年は，一人暮らしの世帯や，夫婦のみ，夫婦と子のみ，あるいは片方の親と子のみの（ A ）世帯が代表的である。また，子どもの出生数が減少する一方，b高齢(こうれい)者の数は増え，（ B ）歳以上（ C ）歳未満の生産年齢人口の割合は下がっている。

(1) A～Cにあてはまる語句や数字をそれぞれ書きなさい。

A（　　　）B（　　　）C（　　　）

よく出る (2) 下線部aについて，子どもの出生数が減少していることを何といいますか。

（　　　）

(3) 下線部bについて，高齢者の割合が増えていることを何といいますか。（　　　）

記述 (4) (2)が進むとどのような問題があるか，右のグラフを参考に「生産年齢人口」「経済力」という語句を使って，簡単に書きなさい。

（　　　）

▼生産年齢人口の割合と高齢化率の推移

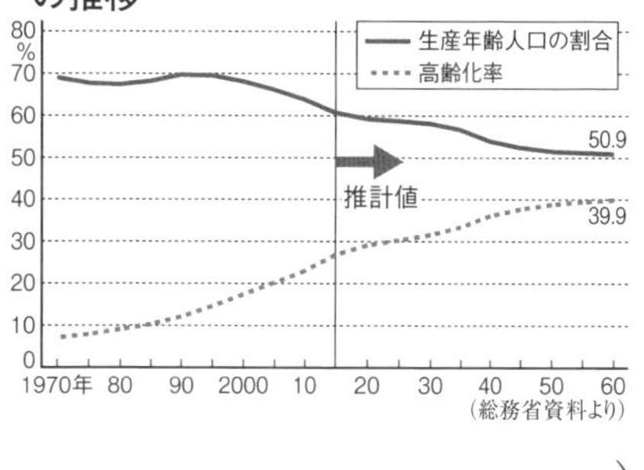

ちょっとひといき　教科書のグラフは，そこから何が読み取れるのかを確認しておこう！

教科書 p.20～p.23

第1章 私たちの暮らしと現代社会

2節　現代につながる伝統と文化

テストに出る！ **ココが要点** 解答 p.1

1 豊かな生活を実現するために　教 p.20～p.21

▶ 私たちの暮らしを豊かにするため，(❶　　　　　　)やそれに支えられた技術が発展。

- 情報通信技術…(❷　　　　　　)(AI)やスマートフォンなど。
- 医療や介護の分野…自分の体細胞から臓器をつくる**iPS細胞**の研究などの再生医療の進歩や，(❸　　　　　　)による医療用ロボットアームの開発。

▶ 科学・**技術**には問題も…環境問題や原子力発電所事故など。

▶ 世界にはさまざまな(❹　　　　　　)があり，**信仰**する人々の暮らしや考え方に影響(えいきょう)を与えている。

- 世界の**三大宗教→キリスト教・仏教・イスラム教**。
- 日本では古くから**自然崇拝**(すうはい)(**アニミズム**)などが**神道・仏教**と結びつきながら大切にされてきた。
- 現代では，冠婚葬祭(かんこんそうさい)や(❺　　　　　　)の中にキリスト教などの影響を受けているものも多くある→宗教への寛容(かんよう)性・多様性。

▶ 宗教とともに，(❻　　　　　　)も，ストレスや不安からの解放や，生きる勇気・希望・感動を人々に与えている。

▶ (❼　　　　　　)…科学・宗教・芸術のほか，暮らしに関わる慣習や生活様式。

2 伝統文化の継承と文化の創造　教 p.22～p.23

▶ (❽　　　　　　)…長い年月にわたり人々の暮らしの中でつくられ，受け継がれてきた有形・無形の文化。

▶ 日本各地にはさまざまな地域独自の文化があり，芸能・工芸・建造物として受け継がれている…**世界文化遺産**(いさん)，**世界自然遺産**，**有形・無形文化財**。

- 文化財保護法…有形・無形の文化財保護に努める。
- 海外のイベントを日本各地で開催(かいさい)。
- 日本のアニメなどの**ポップカルチャー**(大衆文化)が世界から注目。

（上記2項目）→ **異文化理解**

❶**科学**
自然現象を理解し利用するための知識・技術。

❷**人工知能**
コンピューターに知的行動を行わせるための研究や技術。

❸**技術革新**
iPS細胞の作製や医療用ロボットアームの開発など。

❹**宗教**
信仰(しんこう)する人の心の支え。生活の指針。

❺**年中行事**
正月の初詣(はつもうで)や節分，お彼岸(ひがん)など。

❻**芸術**
音楽・絵画・映画・演劇など。

❼**文化**
芸術作品の他，言葉やしきたりなども含む。

❽**伝統文化**
長い年月にわたって人々の暮らしの中でつくられ継承(けいしょう)された有形・無形の文化。

ココが要点の答えになります。

テストに出る！

予想問題　2節　現代につながる伝統と文化

30分　/100点

1 次の文を読んで，あとの問いに答えなさい。　7点×10〔70点〕

（ A ）は，自然環境のさまざまなしくみを理解・利用しようとして発展してきた。情報通信技術の分野では a人工知能やスマートフォンの進歩がめざましく，医療分野では，自分の体細胞から臓器をつくる（ B ）の研究が進んでいる。

（ A ）とともに宗教も，人々の生き方や社会のあり方に大きな影響を与えている。宗教には，b三大宗教などさまざまなものがある。音楽や絵画などの（ C ）や，c文化，伝統も人々の生活に大きな影響を与える。

(1) A〜Cにあてはまる語句をそれぞれ書きなさい。

A（　　　） B（　　　） C（　　　）

(2) 下線部aについて，これを省略して何といいますか。アルファベットで書きなさい。（　　　）

(3) 下線部bについて，次の文にあてはまる宗教をそれぞれ書きなさい。

① ヨーロッパや南北アメリカで盛んに信仰(しんこう)されている。（　　　）

② 西アジアや北アフリカで盛んに信仰されている。（　　　）

③ 東南アジアや東アジアで盛んに信仰されている。（　　　）

(4) 下線部cについて，次の問いに答えなさい。

① 日本の伝統芸能にあたるものを，次から選びなさい。（　　　）

ア クールジャパン　イ 狂言(きょうげん)　ウ 花見　エ お彼岸(ひがん)

② 文化財の保存・活用を目的とした法律を何といいますか。（　　　）

(5) 世界中から注目を集めている，日本のアニメやファッションなどの文化を何といいますか。カタカナで書きなさい。（　　　）

2 右の表を見て，次の問いに答えなさい。　6点×5〔30点〕

よく出る (1) 表の行事や儀式(ぎしき)のことを何といいますか。漢字4字で書きなさい。

（　　　）

(2) 右の表のA〜Dにあてはまる(1)を次からそれぞれ選びなさい。

A	新年に神社やお寺にお参りする。
B	12月25日にキリストの誕生を祝う。
C	3月3日に行う。ひな祭り。
D	5月5日に行う。こいのぼりを飾る。

A（　　） B（　　） C（　　） D（　　）

ア 初詣(はつもうで)　イ 桃(もも)の節句　ウ 端午(たんご)の節句　エ クリスマス

ちょっとひといき　教科書にのっている写真も要チェック！

3節　私たちがつくるこれからの社会

❶社会集団
人の集まり。

❷社会的存在
常に何らかの社会集団に属し，生活していく存在。

❸対立
立場の違いなどから生じる意見の違い。

❹合意
対立点を調整し，お互いが納得する。

❺ルール
社会生活を快適に送る上で必要なきまり。

❻契約（けいやく）
お互いが合意して結ぶ約束。法律上の効力が生じる。

❼効率
時間やものを無駄（むだ）なく使う。

❽公正
一部の人の不利益にならないようにする。

❾個人の尊重
「人間一人一人を，かけがえのない存在としてみる」という価値観。

テストに出る！ ココが要点　解答 p.2

1 さまざまな人と生きる　教 p.26～p.27

▶ 人は，さまざまな（❶　　　　　　）の中で生活しながら成長していく。

- 家族，地域社会，学校と少しずつ活動の範囲を広げ，さまざまな人と出会う。
- 日常の生活を通じて，**社会**で生きていくために必要な判断力や行動力を身につけていく。
- 社会集団の中で，他者とともに生きることで成長していく人間は，本来（❷　　　　　　）であるといわれる。

▶ 価値観や利害の違いから，集団の内部で（❸　　　　　　）が起きた場合には，お互いが意見を出し合い，対立点を調整しながら解決策を話し合い，（❹　　　　　　）を目ざす。

- それぞれの考えや利害を調整するため，（❺　　　　　　）やきまりなどの取り決めが必要。

▶ お互いの要望を聞き，歩み寄った末に決めるルール→ものの売り買いにおいての（❻　　　　　　）と同様。

2 誰もが大切にできるルールとは　教 p.28～p.29

▶ ルールづくりの条件

- （❼　　　　　　）…資源や時間，お金や労力などをできるだけ無駄なく使い，より大きな成果を得る。
- （❽　　　　　　）…一部の人が不利益をこうむったり，不当に制限されたりすることがないようにする。
  - ◇**結果の公正さ・機会の公正さ・手続きの公正さ**

3 よりよい社会を築くために　教 p.32～p.33

▶ ルールを見直すこと…一度決めたルールでも，状況（じょうきょう）の変化しだいで見直していく必要がある→対立と合意を繰り返しながら，よりよいルールをつくっていく。

▶ ルールは（❾　　　　　　）の**尊重**をもとに考える…お互いの願いを聞き，歩み寄る姿勢（しせい）が大切。

▶ 契約やルールが守られないと，互いの権利を守ることはできない→権利を守るためには責任や義務が生じる。

ココが要点の答えになります。

テストに出る！

予想問題　3節 私たちがつくるこれからの社会

30分　/100点

1 次の問いに答えなさい。

(1)6点，他9点×5〔51点〕

よく出る (1) 家族や地域，学校などの人々の集まりを何といいますか。（　　　）

(2) 人は常に何らかの集団に属し，他者とともに生きる存在であることから，人間は本来，どのような存在であるといわれますか。書きなさい。（　　　）

(3) 次のルールの目的をあとからそれぞれ選びなさい。

① ごみの収集日と出すものが決まっている。　② 公園での花火が禁止されている。

③ 路上の放置自転車が禁止されている。　④ 電車内に優先席の表示がある。

①（　）②（　）③（　）④（　）

ア 人が歩きやすくする。　イ 大きな音や火の危険から他の利用者を守る。

ウ 困っている人をいたわる。　エ 街の衛生環境(かんきょう)を守る。

2 次の文を読んで，あとの問いに答えなさい。

7点×7〔49点〕

ルールを考えていく上で大切なことは，目的を達成するために無駄(むだ)がなく（ A ）がよいルールになっているか，また，一部の人にとって不利益にならない（ B ）さが図(はか)られたルールになっているかということである。そして人々の（ C ）が得られているかどうかが重要である。（ C ）が得られていなければ，いくら（ A ）がよく，（ B ）さが図られているといっても，そのルールは守られなくなってしまう。

よく出る (1) A～Cにあてはまる語句を，□からそれぞれ選びなさい。

A（　　　）　B（　　　）　C（　　　）

効率　公正　一致(いっち)　内容　合意

(2) 次の図中のA～Dにあてはまる内容をあとからそれぞれ選びなさい。

A（　）B（　）C（　）D（　）

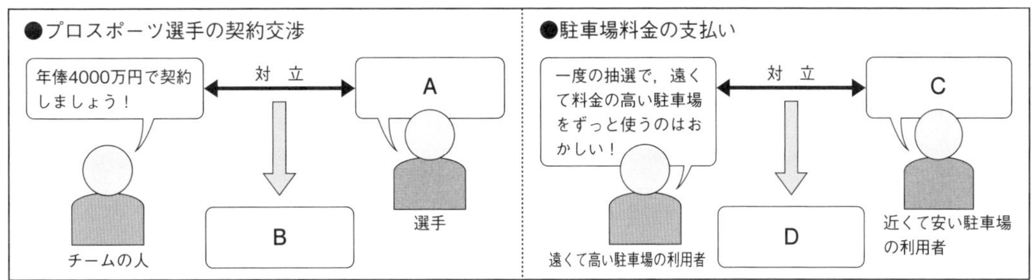

ア 5000万円なら契約(けいやく)する。　イ 最初に抽選(ちゅうせん)で決まったのでそのままで良い。

ウ 何年かに1回，抽選をやり直す。　エ 年棒(ねんぽう)4000万円に出来高払いをつける。

ちょっとひといき　1時間ずつ，30分ずつ，時間を区切って勉強すると集中力UP！

教科書 p.40～p.45

第2章 個人を尊重する日本国憲法

1節 日本国憲法の成り立ちと国民主権

❶専制政治
人々の意思を無視した政治。

❷大日本帝国憲法
君主の権限が強いドイツ憲法などを参考。

❸権力分立
国の権力を分けることで権力の集中を防ぐ。

❹法の支配
公正な法のもと行われる支配・政治。

❺日本国憲法
現在の日本の憲法。

❻国民主権
国民が政治のあり方を最終的に決める力をもつという考え。

❼基本的人権の尊重
国民の権利の保障を強く規定。

❽平和主義
戦争放棄（ほうき），戦力不保持と交戦権の否認。

❾象徴天皇制
天皇を国と国民統合の象徴とし，国の政治に関する行為を行わないとする制度。

ココが要点の答えになります。

テストに出る！ ココが要点 解答 p.2

1 人権の考え方と歴史 教 p.40～p.41

▶ 人権…人が生まれながらにしてもっている権利。
- (❶　　　　　)に対する抵抗で，初めて人権という考え方が大きな役割を果たした。
- **アメリカ独立宣言**，**フランス人権宣言**…すべての人に，生まれながらにして**自由**で**平等**である権利がある。
- **社会権**…人間らしい生活を実現できるよう国家に要求し，登場。
- 世界人権宣言採択（さいたく）(1948年)

▶ (❷　　　　　)制定(1889年)…天皇が主権をもち，国民の人権は制限された(臣民（しんみん）の権利)。

2 憲法はこうして生まれた 教 p.42～p.43

▶ **憲法**…国の基本を定めた法。生まれながらに自由で平等であり，個人として尊重される国民の権利を保障。
- (❸　　　　　)…政治のしくみの基本にある考え方。

▶ 立憲主義…憲法により国家権力を制限し，国民の人権を保障。
- 立憲主義の実現のため，憲法は国の最高法規として位置づけ。
- (❹　　　　　)…法の下で政治が行われる。

▶ (❺　　　　　)…1946年に公布。
- 三つの基本原理

(❻　　　　　)(❼　　　　　)(❽　　　　　)

3 国民の意思による政治 教 p.44～p.45

▶ 国民主権…国民が政治のあり方を決める力(**主権**)をもつ。
- 間接民主制…国民(主権者)は，選挙によって国民の代表(国会議員)を選ぶ。
- 国民が**選挙権**をもち，選挙が公正に行われていることが重要。

▶ 憲法改正…憲法が社会の変化に対応できるようにする。
- 衆議院・参議院各総議員の**3分の2以上**の賛成を得て，国会が発議（はつぎ）→国民投票で過半数の賛成を得ると改正。

▶ (❾　　　　　)…日本国憲法において，**天皇**は「日本国の**象徴**であり日本国民統合の**象徴**」
- 天皇の仕事…形式的・儀礼的な国事行為（こうい）のみ行う。

予想問題　1節　日本国憲法の成り立ちと国民主権

30分　/100点

1 右の年表を見て，次の問いに答えなさい。　(3)9点，他7点×7〔58点〕

年	できごと
1775	独立戦争が始まる
1789	フランス革命が始まる
（ A ）	大日本帝国憲法が制定される
1919	ワイマール憲法が制定される
1948	（ B ）が採択

(1) 表中のAにあてはまる数字，Bにあてはまる語句を書きなさい。

A（　　　　）
B（　　　　）

(2) 下線部について，次の問いに答えなさい。

① これはどこの国のできごとですか。（　　　　）

② このもとに出された宣言を何といいますか。□から選びなさい。（　　　　）

子どもの権利条約　　マグナ・カルタ　　権利章典　　独立宣言

(3) 表中の大日本帝国憲法では，主権はだれがもっていましたか。（　　　　）

よく出る (4) 日本国憲法の三つの基本原理を書きなさい。

（　　　　）（　　　　）（　　　　）

2 右の図を見て，次の問いに答えなさい。　7点×6〔42点〕

よく出る (1) 図中のA～Dにあてはまる語句をそれぞれ書きなさい。

A（　　　　）
B（　　　　）
C（　　　　）
D（　　　　）

▼憲法改正の手続き

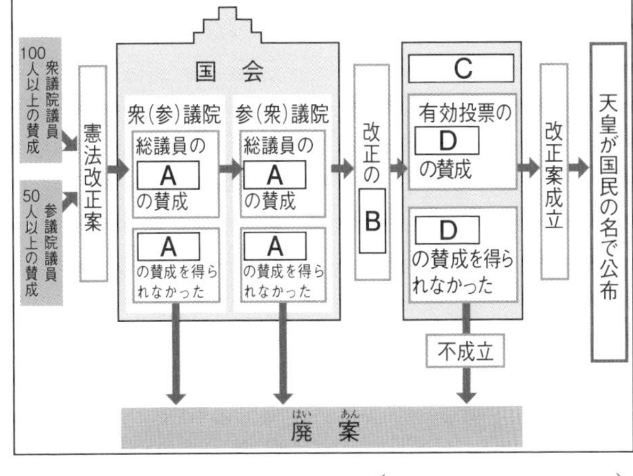

(2) 次の問いに答えなさい。

① 図中の天皇が，内閣の助言と承認に基づいて行う儀礼的な仕事を何といいますか。（　　　　）

② 天皇は国の政治に関する行為を一切行わないとする制度を何といいますか。（　　　　）

ちょっとひといき　テストが始まったら必ず最初にクラスと名前を書くようにしよう！

第2章 個人を尊重する日本国憲法

2節 憲法が保障する基本的人権①

❶個人の尊重
憲法の人権に対する考え方の1つ。

❷幸福追求権
人が幸福に生きるための権利を保障。

❸平等権
すべての人が平等に扱われ，差別されない権利。

❹アイヌ文化振興法
アイヌ文化の振興とアイヌの伝統の普及。

❺両性の本質的平等
男女は根本的に平等。

❻男女雇用機会均等法
雇用における女性差別などを禁止。

❼男女共同参画社会基本法
男女対等の立場で能力を生かせる社会の実現を目ざす。

❽障害者基本法
障がいのある人の自立を支援。

❾障害者差別解消法
障がいがある人への差別を禁止。

テストに出る！ ココが要点 解答 p.3

1 基本的人権を尊重すること 教 p.46～p.47

▶ 遺伝子組み替えなどの研究が進む→生命とは何か，人間とは何かが，人権を考える上で重要な課題に。

▶ (❶　　　　　)の尊重…一人一人かけがえのない存在である人間は，尊いものとして大切に扱われなければならない。

▶ (❷　　　　　)…人が幸福に生きるために必要なすべての権利を保障する権利。

▶ 法の下の平等…国家は，特定の人にだけ利益を与えたり，与えなかったりといった，異なる扱い(差別)をしてはならない。

2 差別をしない，させない 教 p.48～p.49

▶ 出身地や民族などによる差別→(❸　　　　　)の侵害。

▶ 1965年，**部落差別**の解決は国の責務であり，国民の課題であるとする同和対策審議会の答申→差別解消のための法律が制定。

▶ **アイヌ民族**への差別…1997年，アイヌを民族として初めて法的に位置づけた(❹　　　　　)が制定される。

●2019年，アイヌ施策推進法施行。

▶ 外国人に対する差別…**在日韓国・朝鮮人**など，日本に住む外国人(**在留外国人**)が増加。

3 ともに生きる社会の実現へ 教 p.50～p.51

▶ 男女の平等…日本国憲法で**両性の**(❺　　　　　)を規定。
→民法や刑法が改正。女性に対する法的な差別が大幅に解消。

▶ 男女共同参画…1979年，国連で女子差別撤廃条約が採択される。
→1985年，(❻　　　　　)を制定。その後の改正で，事業主に対し，**セクシュアル・ハラスメント**防止を義務づけ。

●1999年，(❼　　　　　)の制定。

●2015年，女性活躍推進法が制定。

▶ 1993年，(❽　　　　　)の制定。

●道路や公共施設の**バリアフリー化**など，多くの改善が図られる。

▶ 2013年，(❾　　　　　)の制定。

●合理的配慮…共生社会の実現に向け，障がいを理由とする差別の解消を目ざす。

ココが要点の答えになります。

テストに出る！

予想問題　2節　憲法が保障する基本的人権①

30分　/100点

1 次の問いに答えなさい。　10点×5〔50点〕

よく出る (1) 次の文は，憲法第14条の一部です。A・Bにあてはまる語句を，それぞれ書きなさい。

A（　　　　）　B（　　　　）

> すべて国民は，（ A ）の下に平等であって，人種，信条，性別，社会的身分又は門地により，政治的，経済的又は社会的関係において，（ B ）されない。

(2) 1965年に，部落差別の早急な解決は国の責務であり，国民の課題であるとする答申を出した政府の審議会（しんぎかい）を何といいますか。（　　　　）

(3) アイヌ民族の文化を守るため，1997年に制定された法律を何といいますか。

（　　　　）

(4) 日本にやってきて定住する人が最も多い地域を，次から選びなさい。（　　）

ア　ヨーロッパ　　イ　北アメリカ　　ウ　アフリカ　　エ　アジア

2 次の文を読んで，あとの問いに答えなさい。　(1)10点×4，(2)5点×2〔50点〕

> ●1979年に国連で（ A ）が採択されたことを受け，日本でも1985年に（ B ）が制定された。また，1999年に制定された（ C ）では家庭や社会のあらゆる場面で男女がともに責任と役割をになうことを求めている。
> ●心身に障がいのある人にとっての不自由さを減らすため，aさまざまな改善が図られてきた。この取り組みは，（ D ）に基づいて現在もさらに続けられている。

(1) 文中のA～Dにあてはまる語句を□からそれぞれ選びなさい。

A（　　　　）
B（　　　　）
C（　　　　）
D（　　　　）

男女雇用（こよう）機会均等法
障害者基本法
男女共同参画社会基本法
女子差別撤廃（てっぱい）条約

(2) 下線部aについて，次の文のうち，「合理的配慮」にあてはまるものを2つ選びなさい。

（　　）（　　）

ア　入学試験のときに，障がいの特性に応じて試験時間を延長する。
イ　学校が，障がいがある人の入学を拒否する。
ウ　障がいがある人には話しかけず，その付き添いの人に話しかける。
エ　車いすを押していて段差があった場合，スロープを使う。

ちょっとひといき　わからない問題はずっと悩まない！ 答えを見て，次は解けるようにしよう！

2節　憲法が保障する基本的人権②

❶精神活動の自由
考え，意見を述べ，行動する自由。
❷身体の自由
拷問や不当な逮捕・拘留などを禁じる。
❸経済活動の自由
財産の保障が中心。
❹自由権
自由に生きる権利。
❺表現の自由
表現の禁止や規制をしないことを保障。
❻政教分離
国や地方自治体が，宗教団体に特権を与えたり宗教活動を行ったりすることを禁じる。
❼黙秘権
自分にとって不利益な供述を強要されない権利。
❽冤罪
無実の人を犯罪者として扱うこと。
❾職業選択の自由
自由な職業に就くことができる。

テストに出る！ ココが要点　解答 p.3

1 自由ってなんだろう　教 p.54～p.55

(❶　　　　　)…自由に考え，意見を述べ，行動する。
(❷　　　　　)…人間が生きていくための基本となる。
(❸　　　　　)…財産の保障を中心とする。

- これらの権利を(❹　　　　　)という。
- **精神活動の自由**
  - **思想・良心の自由**…特定の思想を禁止したり，特定の思想を理由に差別したりすることのないよう保障。
  - (❺　　　　　)**の自由**…国による検閲を禁止する，国民が民主的な政治活動に参加するための重要な権利。
  - **集会の自由，結社の自由**…意見や情報の交換を促進。
  - 通信の秘密…電話などでの情報のやりとりの盗聴を禁止。
  - 信教の自由…個人の信教の自由を保障する一方，国や地方自治体に対しては(❻　　　　　)を義務づける。

2 自由な社会のために　教 p.56～p.57

- **身体の自由**
  - 法定の手続きによらなければ逮捕・処罰されない。
  - 警察による逮捕には，現行犯を除き，令状を必要とする。
  - 不当に身体を拘束されない。
  - 被告人が**弁護人**を依頼する権利，取り調べや法廷で不利益な供述を強要されない権利((❼　　　　　))，拷問や脅迫による**自白**は裁判で証拠とすることができないことを保障。
  - 不当に取り調べが長引き自由の制限が問題になったこと，(❽　　　　　)がなくならないことなどから，「取り調べの可視化」が進められている。
- **経済活動の自由**
  - 日本国憲法では，(❾　　　　　)**の自由，財産権の不可侵，居住・移転の自由**によって，自由な経済活動を守っている。
    - ◇自由な経済活動は，他人の権利を侵害する場合には規制が必要になる場合もある。

ココが要点の答えになります。

テストに出る！
予想問題　2節　憲法が保障する基本的人権②

30分　/100点

1 右の表を見て，次の問いに答えなさい。　9点×6〔54点〕

（　　X　　）
●ア思想・良心の自由 ●イ信教の自由 ●ウ集会・結社・表現の自由 ●（　Y　）の秘密 ●エ学問の自由

(1) 表中のXには，自由権の一つがあてはまります。あてはまる語句を書きなさい。（　　　　）

よく出る (2) 次のA～Dは，表中のア～エのどれにあてはまりますか。それぞれ選びなさい。　A（　　）　B（　　）　C（　　）　D（　　）

A 「憲法の未来を考える」という集まりに出席した。
B 大学で，前から勉強したかった動物研究の学部に入った。
C 実家は仏教を信仰しているが，自分はキリスト教の教会に通っている。
D テレビで見た政治家の発言が，間違っていると思った。

(3) 表中の「（　Y　）の秘密」は，電話などによる情報のやりとりの内容について，国に監視されないことを保障した内容です。Yにあてはまる語句を書きなさい。
（　　　　）

2 次の文を読んで，あとの問いに答えなさい。　(4)10点，他9点×4〔46点〕

> A 現行犯でない限り，a 裁判官の出す書類がないまま逮捕されることはない。
> B 親の仕事を継（つ）がないで，b 自分がしたいと思っていた仕事に就いた。
> C 裁判では c 弁護人を依頼（いらい）し，d 自分に不利益な供述はしないでおいた。

(1) A～Cの内容を，それぞれ「身体の自由」「経済活動の自由」に分けなさい。
身体の自由（　　　　）
経済活動の自由（　　　　）

(2) 下線部aについて，この書類を何といいますか。（　　　　）

(3) 下線部bについて，なりたいと思うだけでは就くことができず，特別な資格が必要な仕事もあります。その仕事を，次から選びなさい。（　　）
ア 画家　イ サラリーマン　ウ 医師　エ 店員

記述 (4) 下線部c，dは，冤罪（えんざい）を防ぐために認められている権利です。冤罪とは，何のことですか。「無実」という語句を用いて，簡単に書きなさい。
（　　　　　　　　　　）

ちょっとひといき　覚えたいところはオレンジのペンでノートをとると赤シートで消せる！

教科書 p.58〜p.63

第2章 個人を尊重する日本国憲法

2節 憲法が保障する基本的人権③

テストに出る! ココが要点 解答 p.4

1 人間らしい生活とは

教 p.58〜p.59

▶ (❶　　　　　　)…失業や貧困の問題に対し，国家は人間らしい生活を保障しなければならないという権利。

- (❷　　　　　　)…「**健康で文化的な最低限度の生活を営む権利**」を保障→**社会保障**がセーフティネットの役割も果たす。

▶ 介護保険制度…2000年導入。**40歳以上**のすべての国民が加入し，国や地方自治体などから介護サービスが受けられる制度。

2 人間らしい生活の保障へ

教 p.60〜p.61

▶ (❸　　　　　　)**を受ける権利**…義務教育の無償の保障や経済的支援→学校教育に限らない。

- (❹　　　　　　)の充実が求められる。

▶ 労働者の権利…憲法では(❺　　　　　　)を保障。

- 就業時間などの最低基準を(❻　　　　　　)で定める。
- (❼　　　　　　)(労働三権)

> 団結権…**労働組合**を結成する権利。
> 団体交渉権…会社と対等に交渉する権利。
> 団体行動権…**ストライキ**などを行う権利。

▶ 労働三法…労働基準法・**労働組合法・労働関係調整法**。

3 自ら人権を守るために

教 p.62〜p.63

▶ 参政権の保障…政治に参加する権利。

- 選挙権…国民が代表者を選ぶ権利。**18歳以上**に認められる。
- 被選挙権…選挙に立候補して選ばれる権利。
- (❽　　　　　　)…年齢・国籍を問わず日本に住むすべての人が，国や地方自治体に直接要望を訴えることができる権利。
- **国民投票権，国民審査権，住民投票権，直接請求権**。

▶ (❾　　　　　　)の保障…国に救済を求める権利。

- **裁判を受ける権利，国家賠償請求権，刑事補償請求権**。

▶ 各地方自治体の窓口で相談を受け付け，被害者の救済を行う。

- **虐待**，配偶者による暴力(**DV**：ドメスティック・バイオレンス)，**セクシュアル・ハラスメント**など。

❶社会権
人間らしい生活を国に求める権利。

❷生存権
健康で文化的な最低限度の生活を営む権利。

❸教育を受ける権利
この規定を受けて教育基本法が制定。

❹生涯学習
人々の生涯にわたるさまざまな学習。

❺勤労の権利
すべての人に働く機会が確保される権利。

❻労働基準法
労働条件の最低基準を定める法律。

❼労働基本権
労働者の基本的権利をまとめたもの。

❽請願権
国や地方自治体に直接要望を訴える権利。

❾請求権
国に対し救済を求める権利。

ココが要点の答えになります。

テストに出る！

予想問題　2節　憲法が保障する基本的人権③

30分　/100点

1 次の問いに答えなさい。　8点×7〔56点〕

(1) 人間らしい生活を送るための権利を何といいますか。　(　　　)

よく出る (2) 次の日本国憲法第25条についてあとの問いに答えなさい。

> すべて国民は，健康で文化的な(　　)の生活を営む権利を有する。

① (　　)にあてはまる語句を書きなさい。　(　　　)

② この条文が定める権利は，(1)の権利の中でも最も基本となる権利です。これを何といいますか。　(　　　)

③ ②に沿って国が進めている社会保障制度のうち，高齢(こうれい)化に向けて2000年から実施されている制度を何といいますか。　(　　　)

よく出る (3) 労働者の権利について，右の表のA・Bにあてはまる語句をそれぞれ書きなさい。

A (　　　)

B (　　　)

(A)	労働組合をつくる権利
団体交渉権	会社側と労働条件などについて交渉する権利
(B)	ストライキなどにより会社側に要求を訴える権利

(4) 労働条件の最低基準を定めた法律を何といいますか。　(　　　)

2 次の文を読んで，あとの問いに答えなさい。　(1)6点×2，他8点×4〔44点〕

> a国民が政治に参加する権利としては，国民が代表者を選ぶ(A)や，代表者として国民に選出される(B)などがある。また，b人権が侵害(しんがい)された場合の救済を求める権利なども認められている。

よく出る (1) A・Bにあてはまる語句をそれぞれ書きなさい。

A (　　　)　B (　　　)

(2) 下線部aについて，次の問いに答えなさい。

① この権利のことを何といいますか。　(　　　)

② これによって保障される，国や地方自治体に直接要望を訴える権利を何といいますか。　(　　　)

(3) 下線部bについて，次の問いに答えなさい。

① この権利を何といいますか。　(　　　)

② 身近に起こりうる人権侵害のうち，配偶者(はいぐうしゃ)からの暴力のことを何といいますか。省略せずにカタカナで書きなさい。　(　　　)

ちょっとひといき　教科書に表でまとまっているものをチェックしておこう！

2節　憲法が保障する基本的人権④

満点★ミッション

❶公共の福祉（ふくし）
社会全体の利益。
❷勤労の義務
働いて社会に貢献する義務。
❸納税の義務
税金を納める義務。
❹環境権（かんきょう）
健康で快適な環境で暮らす権利。
❺知る権利
国などの情報を知る権利。
❻プライバシーの権利
個人の情報を守る権利。
❼個人情報保護法
企業に対し，個人を特定できる情報の取り扱いを定める。
❽国際人権規約
世界人権宣言を具体化するための規約。
❾子どもの権利条約
1989年採択（さいたく）。18歳（さい）未満の者に対する搾取（さくしゅ）の禁止など。

テストに出る！ ココが要点　解答 p.4

1 自由と権利を守るために　教 p.64～p.65

▶ 自由と責任…自由と権利を保持するために，国民も努力する。
▶ (❶　　　　　　　　)…他人の人権を侵害（しんがい）する場合や**社会全体の利益**を優先すべき場合に，例外的に人権の制約を認める。
- **他者の人権**を守るために必要な制約か，慎重（しんちょう）な判断が必要。
  - ◇必ず**法律**や**条例**を制定しなければならない。
  - ◇特に**表現の自由**の制約には慎重さが必要。

▶ 国民の三つの義務…子どもに普通教育を受けさせる義務・(❷　　　　　　　　)・(❸　　　　　　　　)。

2 発展する人権　教 p.66～p.67

▶「新しい人権」…**幸福追求権**などをもとに保障。
→快適に暮らすための(❹　　　　　　　　)など。
▶ (❺　　　　　　　　)…国民は政府がどのような仕事を行っているかを知る必要がある→情報公開法。
- 情報公開制度…国民が国や地方自治体の政治に関する情報を知り，法に基づいてきちんと仕事を行っているか監視（かんし）。

▶ (❻　　　　　　　　)…私生活や個人の情報を守る権利。
→(❼　　　　　　　　)によって守られる。
▶ 自己決定権…自分の生き方，生活スタイルは自分で決める。
- **インフォームド・コンセント**…病気について医師から説明を受け，理解した上で治療（ちりょう）を受けるか選択（せんたく）できる権利。

3 人権侵害のない世界に　教 p.70～p.71

▶ 世界人権宣言…1948年，**国際連合**(国連)が採択。すべての人に人権があることを明記。
- (❽　　　　　　　　)…世界人権宣言を具体化したもの。
- その他，**女子差別撤廃（てっぱい）条約**・**障害者権利条約**など。
- **持続可能な開発目標**(SDGs)が2015年に採択される。
- NGO(非政府組織)…人権条約の制定や実現に重要な役割。

▶ 子どもの人権
- (❾　　　　　　　　)(児童の権利に関する条約)…すべての子どもが人間らしく生きるために必要な権利が保障される。

ココが要点の答えになります。

テストに出る！ 予想問題

2節 憲法が保障する基本的人権④

30分　/100点

1 次の問いに答えなさい。　8点×3〔24点〕

(1) 日本国憲法では，人権は何に反しない限り最大限尊重されるとありますか。5字で書きなさい。（　　　）

よく出る (2) 日本国憲法に定められた国民の三大義務について，子どもに普通教育を受けさせる義務のほかの二つを書きなさい。（　　　）（　　　）

2 次の問いに答えなさい。　8点×7〔56点〕

(1) 新しい人権について，①～⑥にあてはまるものを，□からそれぞれ選びなさい。

① 国民が，政治の動きを知り，正しい判断を下すために，国や地方自治体の活動について情報を得る権利。（　　　）

② ①の権利を保障するため国や地方自治体が整えた制度。（　　　）

③ 個人の情報を他人から守る権利。（　　　）

④ ③の権利を保護するためにつくられた法律。（　　　）

⑤ 快適な環境（かんきょう）で健康に暮らす権利。（　　　）

⑥ 個人の生き方や生活のスタイルを自分自身で決める権利。（　　　）

環境権	プライバシーの権利	個人情報保護法
情報公開制度	知る権利	自己決定権

よく出る (2) 次の例に最も関係の深い新しい人権を書きなさい。（　　　）

周りの建物の日当たりを妨（さまた）げないように設計されたビル

3 次の問いに答えなさい。　(1)7点×2，(2)6点〔20点〕

(1) 右の年表のA・Bにあてはまる語句を，次の説明を参考にそれぞれ書きなさい。

A（　　　）

B（　　　）

1948	世界人権宣言
1965	人種差別撤廃条約
1966	A
1979	女子差別撤廃条約
1989	B

A 世界人権宣言を具体化するために採択（さいたく）。

B 18歳未満の者に対する搾取の禁止，子どもの意見表明権などを保障。

(2) 2017年にノーベル平和賞を受賞した「ICAN（アイキャン）」などの非政府組織の略称をアルファベットで書きなさい。（　　　）

ちょっとひといき　言葉だけ覚えて満足しない！ 人権の名前と，意味を結びつけておこう！

3節　私たちと平和主義

満点★ミッション

❶日本国憲法第９条
前文とともに憲法の平和主義を示す条文。
❷国の交戦権
戦争を行う権利。
❸平和主義
日本国憲法の三大原理の一つ。戦争放棄。
❹自衛隊
国の防衛などにあたる組織。
❺文民統制
軍人でない者が，自衛隊を統括する。
❻日米安全保障条約
1951年，アメリカとの間で結ぶ。
❼日米安保共同宣言
1996年発表。
❽PKO協力法
国連の平和維持活動（PKO）への自衛隊の参加を認める法律。
❾カンボジア
東南アジアの国。長く内戦が続いていた。
❿非戦闘地域
直接武力攻撃を受けない地域。

テストに出る！ ココが要点

解答 p.5

1 憲法に定められた平和主義

教 p.72～p.73

▶ 日本国憲法
- **日本国憲法第（❶　　　　）条…戦争の永久放棄・戦力の不保持**・国の（❷　　　　）の否認を定める。
- （❸　　　　）…国の安全を確保し，国際社会の紛争を解決していくにあたり，武力の行使を避け外交交渉など平和的手段での実現を目ざす考え方。

▶ （❹　　　　）…主に国の防衛と，国際社会の安全の維持に貢献することなどを目的。
- 1950年の朝鮮戦争をきっかけに警察予備隊設置→その後1954年に自衛隊となる。
- 政府の見解：「自衛のための必要最小限度の実力」であり「戦力」にはあたらない。
- 自衛隊の最高指揮権は文民である内閣総理大臣がもち，統括する防衛大臣も文民がになう→（❺　　　　）（シビリアン・コントロール）。

2 日本の安全保障と平和主義のこれから

教 p.74～p.75

▶ （❻　　　　）…日本の安全と東アジアの平和を守るため，日本国内にアメリカ軍の駐留を認める。
- 日本が武力攻撃を受けた場合，アメリカは防衛のために日本と共同して対処する義務を負う。
  ↔日本はアメリカ軍に基地を提供。
- 日米両国は（❼　　　　）を発表，今後も協力関係を維持する考えを示す。

▶ 国際平和協力法（（❽　　　　））…1992年成立。同年，自衛隊を（❾　　　　）へ派遣。
- 国外の戦争や紛争時には「（❿　　　　）**地域**」に派遣→平和の維持・創出への貢献であるとする見方がある一方で，戦闘に巻き込まれるなど本来の目的を超える可能性も。

▶ 自衛隊の国内外の災害派遣や平和維持活動が世界から高く評価されている。

ココが要点の答えになります。

テストに出る！
予想問題　3節　私たちと平和主義

30分　/100点

1 右の年表を見て，次の問いに答えなさい。　(7)8点×2，他7点×12〔100点〕

1946	a 日本国憲法公布
1950	朝鮮(ちょうせん)戦争
1951	日米（ X ）条約に調印
1954	b 自衛隊が発足
1960	日米新（ X ）条約に調印
1971	国会で c 非核(ひかく)三原則を決議
1972	d 沖縄(おきなわ)が日本に復帰
1992	（ Y ）協力法成立
	自衛隊を e カンボジアへ派遣
1996	日米（ Z ）共同宣言
2007	防衛省を設置

(1) 年表中の下線部 a について，次の文中の A〜E にあてはまる語句をそれぞれ書きなさい。

A（　　　）　B（　　　）
C（　　　）　D（　　　）
E（　　　）

日本国憲法第（ A ）条では，戦争と（ B ）の行使を，国際紛争(ふんそう)を解決する手段として永久に（ C ）し，（ D ）を保持しないこと，国の交戦権は認めないことを定めている。これは日本国憲法の原理の一つである（ E ）の表れである。

(2) 下線部 b について，自衛隊の文民統制のことをカタカナで何といいますか。

（　　　）

(3) 下線部 c の内容に合うように，次の（　　）にあてはまる語句を書きなさい。

「核兵器を持たず，つくらず，（　　）」　（　　　）

よく出る
(4) 下線部 d について，沖縄県には，日本にあるアメリカ軍基地の約何％が集中していますか。次から選びなさい。　（　　）

ア　約10％　　イ　約25％　　ウ　約50％　　エ　約70％

(5) 年表中の X・Z にあてはまる語句を漢字で，Y にあてはまる語句をアルファベットで，それぞれ書きなさい。

X（　　　）　Y（　　　）　Z（　　　）

(6) 下線部 e の国を右の地図中から選びなさい。

（　　　）

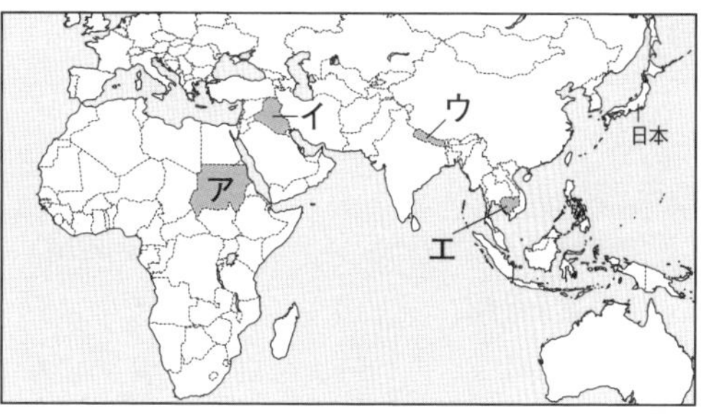

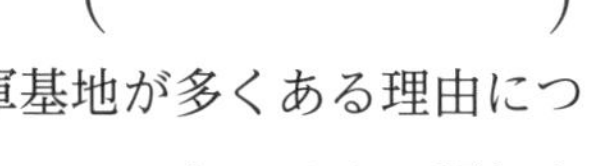

(7) 日本にアメリカ軍基地が多くある理由について，次の文中の A・B にあてはまる語句をそれぞれ書きなさい。

A（　　　）
B（　　　）

日本が（ A ）を受けたとき，（ B ）のためにアメリカが共同して対処するため。

ちょっとひといき　教科書やノートを音読するのも効果的！

第3章 私たちの暮らしと民主政治

1節　民主政治と日本の政治

❶民主主義
多くの人々が参加して物事を決める。
❷直接民主制
全員が集まり話し合って決定。
❸議会制民主主義
代表である議員が話し合って決定。
❹多数決
民主主義での最終的な決定方法。

テストに出る！ ココが要点　解答 p.5

1 民主政治ってなんだろう　教 p.84〜p.85

▶ (❶　　　　)…社会をつくるすべての人々に関わることについては，その社会を構成する人々自身が決定する。

▶ 政治…多様な人々の考え方や利害の違いを調整する。

- 民主政治…社会の多くの人々が参加して行う政治。
- 独裁政治…一人，あるいはごく少数の人が，一方的にすべてのことを決定する政治。

▶ 民主政治のしくみ

- (❷　　　　)…全員が集まり物事を決める。
- 間接民主制…代表として選んだ人が議会で話し合い，物事を決める。(❸　　　　)，代議制ともいう。

▶ (❹　　　　)…全会一致(いっち)が望ましいが，話し合いをしても意見が一致しないときの最終的な決定方法。

- 最終的な決定には**強制力**(**政治権力**)があるため，**少数意見**の人も従わなければならない。

❺普通選挙
財産や性別で選挙権に差を設けない。
❻平等選挙
一人一票。
❼秘密選挙
投票の秘密を守る。
❽直接選挙
候補者に直接投票。
❾小選挙区制
一つの選挙区から一人の議員を選出。
❿比例代表制
得票数に応じて政党に議席を分配。

2 国民の代表を選ぶ選挙　教 p.86〜p.87

▶ 選挙で投票し，国民の代表である議員を選ぶ…民主主義国家ではもっとも一般的な**政治参加**の方法。

- 自分の意見に近いと思う政治家や**政党**に投票→議員が議会で話し合い，政治の決定→国民は代表者を通じて自分の意思を表明＝国民は常に政治に影響(えいきょう)力を行使。
- (❺　　　　)…財産や性別に関係なく選挙権をもつ。
- (❻　　　　)…公平に一人一票である。
- (❼　　　　)…投票の秘密が守られる。
- (❽　　　　)…候補者に直接投票できる。

▶ 選挙制度

- (❾　　　　)…一つの選挙区から一人の議員を選ぶ。
- (❿　　　　)…得票数に応じて政党に議席を配分。

→現在の日本の衆議院選挙は，この二つを組み合わせた小選挙区比例代表並立(へいりつ)制。

- 2015年，**一票の格差**を解消する目的で公職選挙法が改正。

ココが要点の答えになります。

3 18歳選挙権と私たち

教 p.88～p.89

▶ 公職選挙法が改正され，2016年から「18歳選挙権」が実現。

- 若い世代の**投票率**が低い→投票の棄権は，選挙や議会の決定への信頼性を低下させる危険性がある。

4 願いをかなえる政党政治

教 p.90～p.91

▶ (⑪　　　　)→議会では**多数決**による決定が行われるため，多くの**議席**を獲得する必要がある。

- 公約を掲げ，選挙に臨む。
- (⑫　　　　)…**政権**をになう政党。
- (⑬　　　　)…政権を監視し，次の選挙での**政権交代**を目ざす。

▼衆議院と参議院の政党別議席数

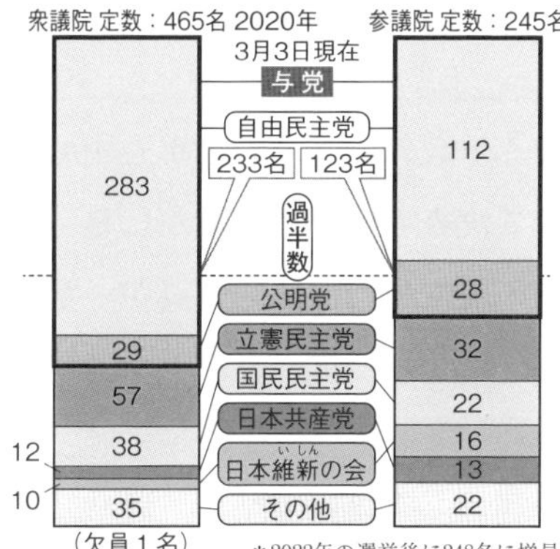

- (⑭　　　　)…政党間の自由な競争による政治。

▶ **一党独裁**は民主主義に反するため，複数の政党が存在。

▶ 二つの大きな政党が競う政党政治を(⑮　　　　)，三つ以上の政党が存在する場合を(⑯　　　　)という。

- (⑰　　　　)…二つ以上の政党が協力して議会の過半数を確保し政権を担当。

▶ 政党の活動資金→国庫から(⑱　　　　)が提供される。

- **政治資金**に関する情報の公開も制度化。

5 マスメディアと政治

教 p.92～p.93

▶ (⑲　　　　)…政治を動かす原動力となる。

- 新聞やテレビなどの(⑳　　　　)…世論を形成する上で大きな影響力をもつ。
- **世論調査**は国民の意見を政治の場に伝える役割を果たす。

▶ マスメディアの**公平性**が確保される必要がある。

- 虚偽の情報(**フェイクニュース**)により，政治的判断が影響される危険性がある。
- 民主政治では**報道の自由**が保障され，多様な立場や見方から情報発信が可能→マスメディアは正確な事実を報道する責任をもつ。

満点ミッション

⑪**政党**
政治上同じ考えをもつ人々の集まり。

⑫**与党**
議会の多数派。政権を担当。

⑬**野党**
議会の少数派。政権を批判・監視。

⑭**政党政治**
政党中心の政治。

⑮**二党制**
アメリカの共和党と民主党のように二つの政党が競う。

⑯**多党制**
三つ以上の政党が存在。

⑰**連立政権**
二つ以上の政党が協力して政権を担当。

⑱**政党交付金**
一定の条件をみたす政党に国から交付されるお金。

⑲**世論**
政治・社会への多くの人の共通意見。

⑳**マスメディア**
大量の情報を大量の人に伝える。

テストに出る！
予想問題　1節　民主政治と日本の政治

🕒30分　/100点

1 次の問いに答えなさい。　4点×5〔20点〕

(1) 次の文中のA～Dにあてはまる語句を，□からそれぞれ選びなさい。

A（　　　　　　）　B（　　　　　　）
C（　　　　　　）　D（　　　　　　）

> 一人，あるいはごく少数の人だけで物事を決めていく政治を，（ A ）という。一方，多くの人々が参加して決めていく考え方が（ B ）であり，この考え方のもとで行う政治を民主政治という。民主政治には，全員が一堂に集まり納得しながら物事を決めていく（ C ）と，代表者を選び，代表者が議会で話し合って決める（ D ）がある。

議会制民主主義　直接民主制　独裁政治　民主主義　自由主義

(2) 民主政治において，話し合いを続けて意見が一致しない場合の最終的な決定方法はどのようなものですか。漢字3字で書きなさい。　（　　　　　　）

2 次の問いに答えなさい。　4点×8〔32点〕

(1) 次の選挙の原則にあてはまる内容をそれぞれ選びなさい。

① 普通選挙（　　）　② 平等選挙（　　）
③ 秘密選挙（　　）　④ 直接選挙（　　）

ア 直接候補者に投票できる。　イ 誰（だれ）に投票したか秘密が守られる。
ウ 財産や性別に関係なく選挙権が得られる。　エ 公平に一人一票である。

(2) 日本の選挙制度を示した右の図を見て，次の問いに答えなさい。

▼選挙のしくみ

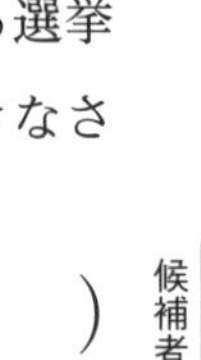
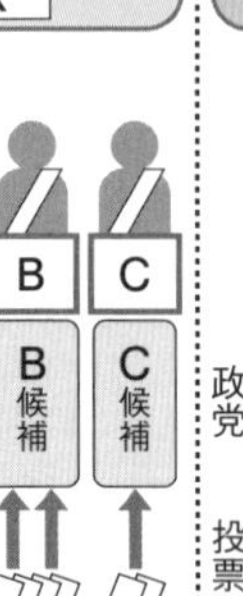

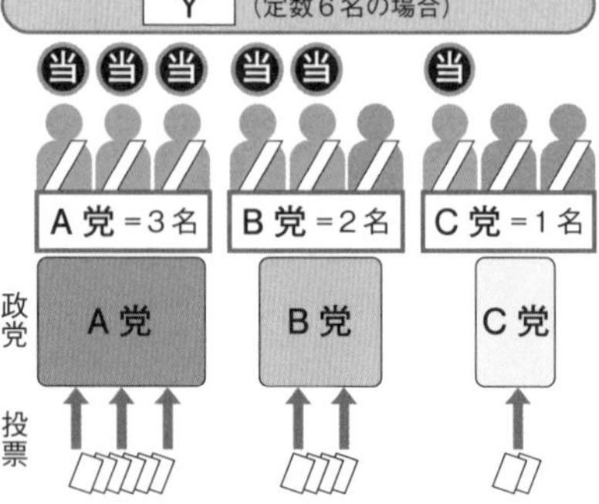

① 図中のX・Yにあてはまる選挙制度の名前を，それぞれ書きなさい。

X（　　　　　　）
Y（　　　　　　）

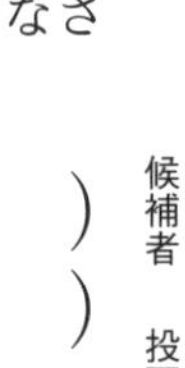

② 死票が多いのは，X・Yのどちらですか。　（　　）

よく出る ③ X・Yの並立（へいりつ）制で選挙を行っているのは，衆議院・参議院のどちらですか。

（　　　　　　）

ちょっとひといき　勉強のコツは，コツコツやること！ とにかくくり返すことが大事！

3 次の問いに答えなさい。 4点×3〔12点〕

(1) 2016年から，選挙権が与えられるのは何歳以上になりましたか。（　　　）

(2) 右のグラフを見て，20～29歳の投票率にあてはまるものを，ア～オから選びなさい。（　）

(3) 選挙区によって，有権者が投じる一票の価値に大小が生じることを何といいますか。
（　　　）

▼衆議院議員選挙の年齢別投票率の推移

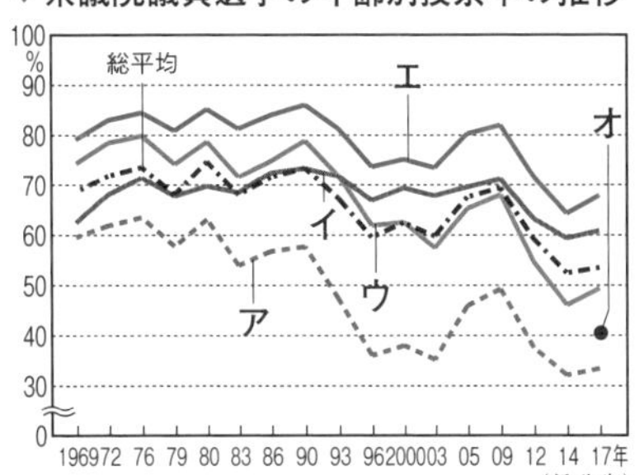

4 次の文を読んで，あとの問いに答えなさい。 4点×5〔20点〕

さまざまな問題について同じような考えをもつ人々が団体を作り，議会で多数派となって a 政権獲得を目ざす。このような団体を政党といい，政権をになう政党を（ A ），それ以外の政党を（ B ）という。政党の活動には多額の資金が必要となり，申請のあった政党には国から（ C ）が提供される。b 政治資金のあり方は，民主政治にとって重要な課題である。

(1) A～Cにあてはまる語句をそれぞれ書きなさい。
A（　　　）　B（　　　）　C（　　　）

(2) 下線部aについて，二つ以上の政党が政策に関する合意を結んで成立した政権を何といいますか。（　　　）

記述 (3) 下線部bについて，企業や団体から政治家個人への政治資金の提供を制限している理由を，「影響」という語句を使って，簡単に書きなさい。
（　　　）

5 右の図を見て，次の問いに答えなさい。 4点×4〔16点〕

(1) 図中のA～Cにあてはまる語句を，それぞれ書きなさい。
A（　　　）
B（　　　）
C（　　　）

(2) 主にインターネット上で拡散される虚偽の内容の情報や報道のことを何といいますか。
（　　　）

▼世論の形成と国民の政治参加の主な手段

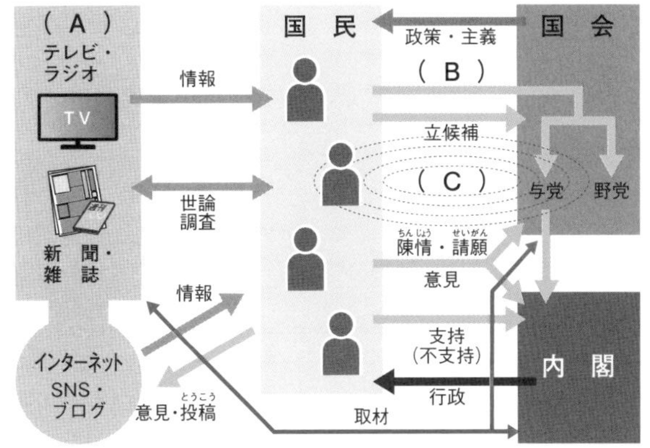

ちょっとひといき　テスト前は，ニュースや新聞もしっかりチェックしておこう！

2節 三権分立のしくみと私たちの政治参加①

❶国権の最高機関
国で最も重要な機関。

❷唯一(ゆいいつ)の立法機関
法律を制定する機関。

❸常会
主な議題は次年度予算。

❹特別会
衆議院解散後に開かれる国会。

❺衆議院
定数は465人で任期は4年。

❻予算
歳入(さいにゅう)に基づき，今後1年間に必要な歳出の見積もりを定める。

❼弾劾(だんがい)裁判
不適任の裁判官をやめさせるか判断。

❽本会議
総議員の3分の1以上の出席で成立。

❾委員会
少人数で質疑応答を行い，議論を深める。予算委員会など。

❿公聴会(こうちょうかい)
専門家や関係者の意見を聞く。

テストに出る！ **ココが要点** 解答 p.6

1 国会の決定は国民の意思 教 p.96～p.97

▶ 国会は「全国民を代表する選挙された議員で」組織される。
- 国会は**国権の**（❶　　　　　）であると同時に，国の唯一の（❷　　　　　）。
- （❸　　　　　）（**通常国会**）…毎年1回1月に召集(しょうしゅう)。
- 臨時会（**臨時国会**）…内閣が必要と認めたときか，いずれかの議院の総議員の4分の1以上から要求があったときに開かれる。
- （❹　　　　　）（**特別国会**）…衆議院の解散総選挙の30日以内に召集。内閣総理大臣の指名などを行う。

▶ 日本の国会…（❺　　　　　）と参議院の二院制。

▶ 衆議院の優越(ゆうえつ)…参議院より任期が短く，解散もある衆議院の方が国民の意思をより反映するとして，より強い権限を認めている。

2 国会は唯一の立法機関 教 p.98～p.99

▶ 国会の最も重要な仕事…法律案を審議(しんぎ)し法律を制定する（立法）。
- **税金**などの使い方を定めたもの…（❻　　　　　）。
- 国政調査権による内閣の仕事ぶりの調査や証人喚問(かんもん)など。
- 国会議員の中から内閣総理大臣を指名する。
- 条約の承認(しょうにん)や裁判官の（❼　　　　　）など。

▶ 国会の審議…議員全員で構成される（❽　　　　　）と，議員が少人数に分かれて所属する（❾　　　　　）が行う。
→必要があれば（❿　　　　　）を開く。
- 両院協議会…両院の議決が異なる場合に開き，意見を調整。

▶ 法律をつくる…内閣が提出する**閣法**と議員が提出する**議員立法**がある。

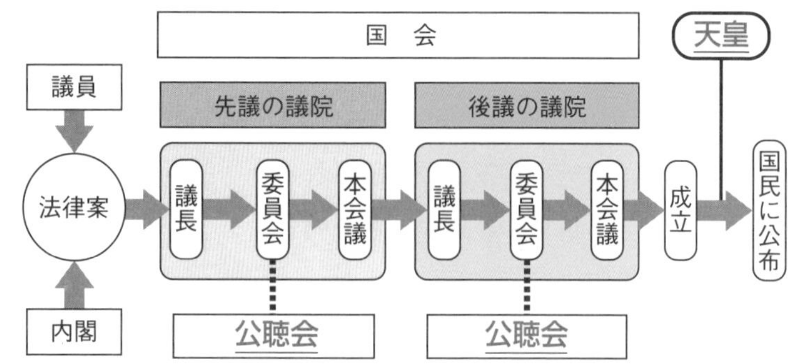

ココが要点の答えになります。

テストに出る！
予想問題　2節　三権分立のしくみと私たちの政治参加①

30分　/100点

1 次の文を読んで，あとの問いに答えなさい。　(4)10点，他9点×10〔100点〕

日本の国会は衆議院と参議院からなる二院制をとり，両院とも a 国民の選挙で選ばれた議員で構成されている。日本国憲法第41条では，国会の地位について「国会は，国権の最高機関であって，国の唯一の(　　)である」と定めている。国会には b いくつかの種類があり，審議を通じて国の重要なことが決定されていく。衆議院と参議院の議決が異なる場合は，c「衆議院の優越」が認められている。その例に d 予算の議決がある。

よく出る (1) 文中の下線部aについて，右の表中のA～Eにあてはまる数字をそれぞれ書きなさい。

A (　　　　)
B (　　　　)
C (　　　　)
D (　　　　)
E (　　　　)

衆議院		参議院
満(A)歳以上	被選挙権の年齢	満(B)歳以上
(C)年 (解散あり)	任期	(D)年 ((E)年ごとに半数改選)

(2) 文中の(　　)にあてはまる語句を書きなさい。　(　　　　)

(3) 下線部bについて，次の問いに答えなさい。

① 毎年1月中に召集され，150日間の会期で開かれる国会を何といいますか。
(　　　　)

② ①では，政府の財政活動に関わる何について審議されますか。
(　　　　)

記述 (4) 下線部cが認められる理由を，「任期」「解散」という語句を使って簡単に書きなさい。
(　　　　)

(5) 下線部dについて，次の図は予算の議決が衆議院と参議院で異なった場合の取り扱いを示したものです。これについて，あとの問いに答えなさい。

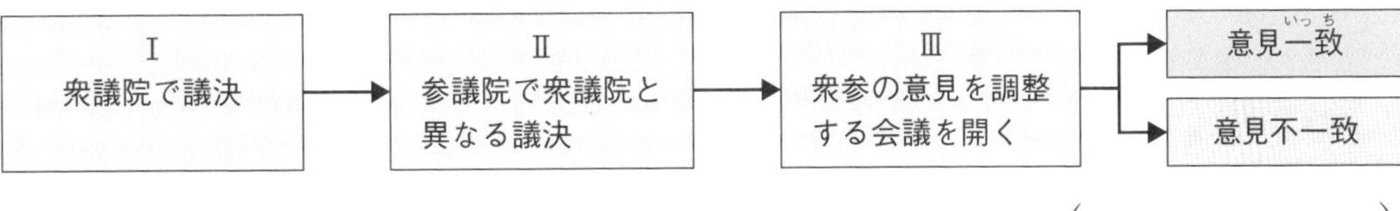

① Ⅲで開かれる会議を何といいますか。　(　　　　)

② Ⅲでも意見が一致しなかった場合，どうなりますか。次から選びなさい。　(　　)

ア 衆議院は3分の2以上の賛成で再可決でき，これが国会の議決となる。
イ Ⅰの衆議院の議決が国会の議決となる。
ウ 廃案となる。

ちょっとひといき　覚えたところにはしるしをつけるようにすると，達成感UP!

2節　三権分立のしくみと私たちの政治参加②

❶行政
法律や予算に基づき仕事を行う。

❷内閣
行政全体を指揮監督（かんとく）。

❸内閣総理大臣
内閣の長。与党党首がなることが多い。

❹国務大臣
ほとんどの者が各省の長として行政の仕事を分担。

❺閣議
内閣総理大臣とすべての大臣が出席。

❻国会議員
選挙によって選ばれた国民の代表。

❼衆議院の解散
内閣が行う。解散後は衆議院総選挙。

❽行政改革
行政の仕事を見直し，規模を縮小。

❾規制緩和（かんわ）
規制をゆるめ民間にゆだねる。

❿小さな政府
国民の負担が少ないかわりに行政サービスもうすくなる。

テストに出る！ ココが要点　解答 p.7

1 行政をまとめる内閣　教 p.100～p.101

▶ (❶　　　　　　)…国会が決めた法律や予算に基づいて，実際に国の仕事を行うこと。

- (❷　　　　　　)…行政の仕事全体を指揮・監督する機関。
  - ◇(❸　　　　　　)(首相)と(❹　　　　　　)で構成。
  - ◇重要方針は(❺　　　　　　)で決定。
- 内閣の仕事…予算案や法案の提出，政令の制定，外国と条約を結ぶ，天皇の国事行為（こうい）の助言・承認（しょうにん）など。

▶ 議院内閣制…国会の信任に基づいて内閣がつくられ，内閣が国会に対して責任を負うしくみ。

- 衆議院で内閣不信任案可決→内閣総辞職もしくは衆議院の解散→選挙後の国会(特別会)で新しい内閣総理大臣を指名。

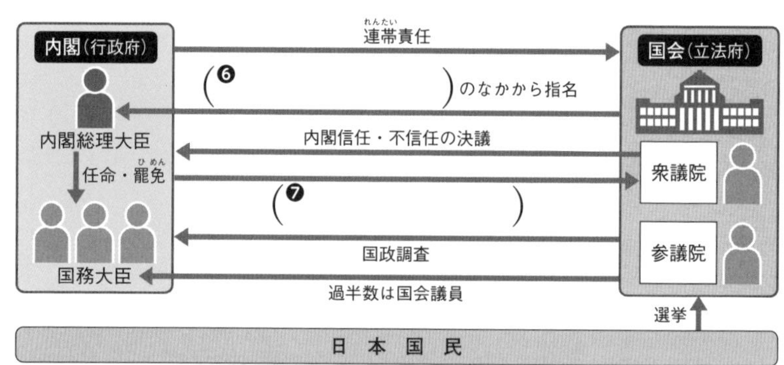

▶ 行政の仕事…府・省・庁・委員会などの機関に分担。

- 各行政機関での仕事は一般職の公務員がになう。
  - ◇大臣の仕事を補佐する立場になると官僚（かんりょう）とよばれる。

2 暮らしと関わる行政　教 p.102～p.103

▶ 行政の拡大→国民の費用負担の増加・複雑すぎるしくみなどの問題→(❽　　　　　　)を行い，行政の仕事を整理・縮小。

- 民営化や(❾　　　　　　)。
- **独立行政法人化**…国立病院や博物館などの運営を国の組織から切り離す。

▶ 低負担・低福祉の「(❿　　　　　　)」か，高福祉・高負担の「大きな政府」かは国民が選択（せんたく）する。

ココが要点の答えになります。

2節　三権分立のしくみと私たちの政治参加②

30分　/100点

1 右の図を見て，次の問いに答えなさい。　(2)4点×5，他8点×4〔52点〕

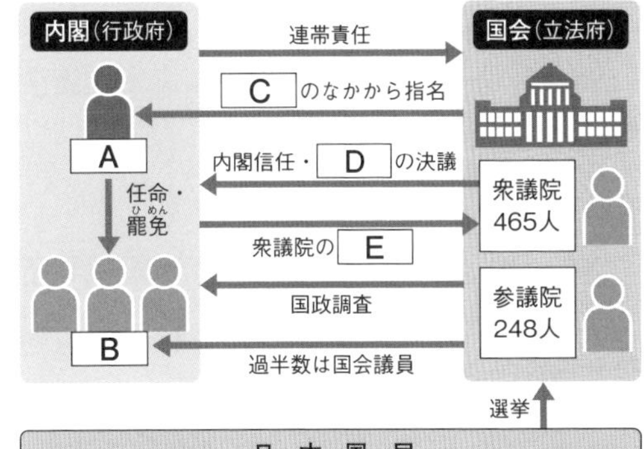

よく出る (1) 国会の信任に基づいて内閣がつくられ，内閣が国会に対して責任を負うしくみを何といいますか。（　　　）

(2) 図中のA～Eにあてはまる語句を，次からそれぞれ選びなさい。A（　）B（　）C（　）D（　）E（　）

ア　国会議員　　イ　国務大臣　　ウ　解散
エ　内閣総理大臣　　オ　不信任

よく出る (3) 図中の内閣の仕事について，次の文中にあてはまる語句をそれぞれ書きなさい。

① 法律を実施(じっし)するための(　　)を定める。（　　　）
② 外国と交渉(こうしょう)し(　　)を結ぶ。（　　　）
③ 天皇の(　　)に助言や承認(しょうにん)を与える。（　　　）

2 次の問いに答えなさい。　(3)6点×4，他8点×3〔48点〕

(1) 内閣のさまざまな重要方針を決定する，内閣総理大臣とすべての国務大臣が出席する会議を何といいますか。（　　　）

(2) 国立病院や博物館などの運営を，国の直営する組織から切り離してそれぞれの自主性に任せることを何といいますか。（　　　）

(3) 次の文中のA～Dにあてはまる語句を，□からそれぞれ選びなさい。
A（　　）B（　　）
C（　　）D（　　）

日本では，行政の仕事を整理・縮小する(A)の一環として，民間の活動を妨(さまた)げないようにする(B)が進められてきた。無駄(むだ)を減らして(C)を良くすると同時に，国民の最低限度の生活を守る(D)なサービスが十分行われることが重要である。

規制緩和(かんわ)　民営化　公正　行政改革　効率

記述 (4) 「大きな政府」とはどのような考え方ですか。簡単に書きなさい。
（　　　　　　　　　　）

ちょっとひといき　疲れたらだれかとしゃべったり体を動かしたり，気分転換をしよう！

2節　三権分立のしくみと私たちの政治参加③

❶司法権
三権の一つ。裁判所が担当。

❷最高裁判所
司法権の最高機関。

❸裁判官
民法などの法律に基づき判決を下す。

❹三審制
三段階で裁判を受けることができる。

❺控訴（こうそ）
第一審に不服がある場合に上級裁判所へ訴える。

❻上告
第二審に不服がある場合にさらに上級裁判所へ訴える。

❼行政裁判
行政機関を相手に起こす裁判。

❽起訴（きそ）
検察官が裁判所に訴える。

❾刑事裁判（けいじ）
犯罪（はんざい）の有無を判断。有罪の際は刑罰（けいばつ）を決定。

❿弁護人〔弁護士〕
被告人の利益を守る。

テストに出る！ ココが要点　解答 p.7

1 人権の尊重と裁判　教 p.104～p.105

▶ 裁判（司法）…争い事や事件を法に基づいて解決するはたらき。
- 日本国憲法では，裁判を受ける権利を保障。

▶ （❶　　　　）…裁判を行う権限。
- （❷　　　　）と下級裁判所がもつ。
- 下級裁判所…高等裁判所・地方裁判所・家庭裁判所・簡易裁判所

▶ 司法権の独立…裁判は，他の権力から独立し，圧力や干渉（かんしょう）を受けないことが重要。
- （❸　　　　）は，弾劾裁判（だんがい）による罷免（ひめん），国民審査（しんさ）で罷免とされた場合などを除いて辞めさせられることはない。

▶ 裁判のしくみ
- （❹　　　　）…より公正で慎重（しんちょう）な裁判を行うためのしくみ。
- 第一審の判決に不服→（❺　　　　）
- 第二審の判決に不服→（❻　　　　）

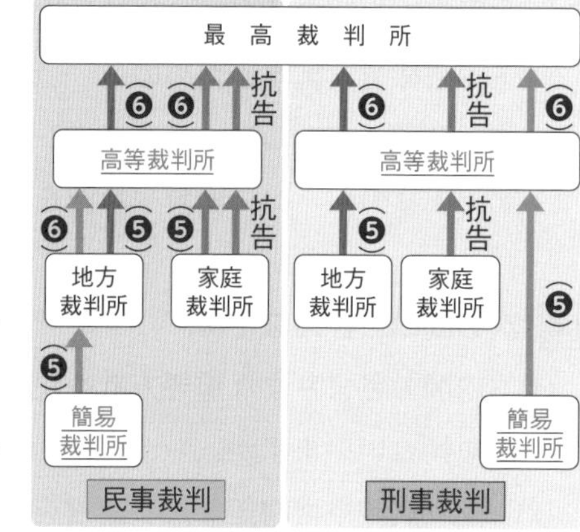

2 民事裁判と刑事裁判　教 p.106～p.107

▶ 民事裁判…個人間で私的な争いが起こったとき，一方が訴えて始まる裁判。（❼　　　　）もほぼ同様の手続き。
- 原告（訴えた側）と被告（訴えられた側）両方の言い分を聞き，裁判官が判決を下す。
- 話し合いによる和解（示談）や，**調停**などによる解決も。

▶ **犯罪**発生→**警察**が捜査（そうさ）し，裁判所の**令状**を得て被疑者（ひぎしゃ）を逮捕（たいほ）→検察官が取り調べ，裁判所に（❽　　　　）する→起訴された被疑者が被告人となり（❾　　　　）が行われる。
- 被疑者・被告人に（❿　　　　）の助けを得られる権利。
- 有罪が確定するまでは，被告人は無罪と推定（すいてい）される→「**疑わしきは罰せず**」の原則。

ココが要点の答えになります。

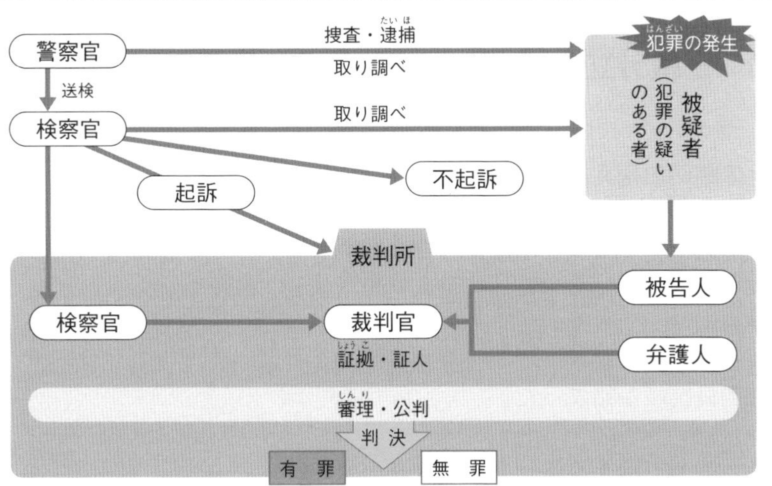

3 私たちの司法参加

教 p.108～p.109

▶ (⓫　　　　　　)…より利用しやすい司法制度の実現。

- より利用しやすい司法制度に…「(⓬　　　　　　)」設置。
- 法律の専門家のあり方の改善…**法科大学院**の創設。
- 国民の司法への参加
  - ◇ (⓭　　　　　　)**制度**…重大な刑事裁判に国民が参加。6名の**裁判員**が3名の裁判官とともに有罪か無罪か判断。有罪なら刑罰について議論(評議)・決定(評決)し，判決を宣告。→国民の裁判への理解が深まることが期待される一方，裁判が感情に流されてしまう可能性。裁判員への心の負担の問題も。
  - ◇ (⓮　　　　　　)…被害者などが法廷で被告人に直接質問したり，刑罰について意見を述べたりすることができる。→被害者の感情が裁判に影響する可能性。

▶ 国民の司法参加には，司法権の独立を侵害しないかなど，さまざまな課題がある。

4 互いに監視し合う三つの権力

教 p.112～p.113

▶ (⓯　　　　　　)…国の権力は**立法**，**行政**，**司法**の三つに分けられ，それぞれ**国会**，**内閣**，**裁判所**という独立した機関が担当。三権は互いに抑制し，均衡を保つ(⓰　　　　　　)→権力の集中を防ぎ国民の権利・自由を守る。

- (⓱　　　　　　)(法令審査権，違憲審査権)→最終決定権をもつ最高裁判所は「(⓲　　　　　　)」とよばれる。

▶ 三権が正しく均衡を保つため，それぞれが役割を果たす必要性がある。

⓫司法制度改革
より国民に近い司法にする取り組み。

⓬法テラス
誰もが身近に法律相談を受けられる。

⓭裁判員制度
国民が裁判に参加する制度。

⓮被害者参加制度
被害者側が刑事裁判に参加。

⓯三権分立
権力を国会，内閣，裁判所の異なる機関に分ける。

⓰チェック・アンド・バランス
互いに抑制し合い，均衡を保つこと。

⓱違憲立法審査権
法律や規則，処分が憲法に違反していないか審査。

⓲憲法の番人
最高裁判所は，すべての法律や行政行為が，憲法に違反していないかの最終決定権をもつ。

テストに出る！
予想問題　2節　三権分立のしくみと私たちの政治参加③

30分　/100点

1 次の文を読んで，あとの問いに答えなさい。　4点×12，(4)②は，完答〔48点〕

> 争いごとや事件を法に基づいて解決するはたらきを裁判といい，その権限を(　　)権という。日本国憲法では最高裁判所と下級裁判所が(　　)権をもつことを定めている。裁判には a 民事裁判と刑事裁判がある。裁判は b 三審制がとられ，2009年からは，国民が裁判に参加する c 裁判員制度が始まった。

(1)　文中の(　　)に共通してあてはまる語句を書きなさい。　(　　　　)

(2)　下線部 a について，次の文のうち民事裁判にあてはまるものには**ア**，刑事裁判にあてはまるものには**イ**を書きなさい。

①　個人と個人の私的なもめごとを解決する。　(　　)

②　被疑者を検察官が被告人として起訴する。　(　　)

③　当事者どうしの話し合いによる和解(示談)も行われる。　(　　)

(3)　下線部 b について，右の図を見て，次の問いに答えなさい。

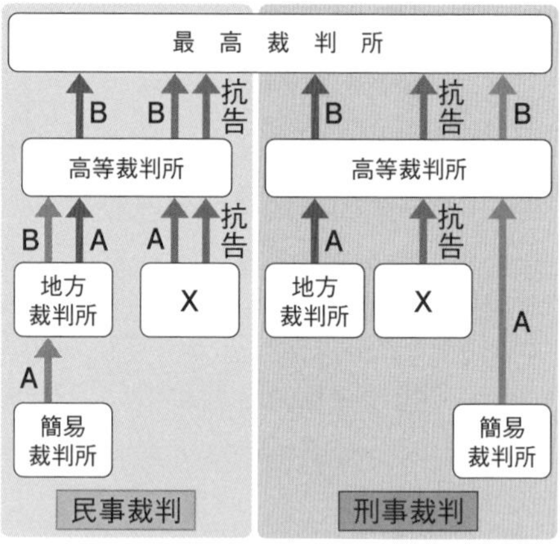

①　図中の X にあてはまる裁判所を何といいますか。　(　　　　)

よく出る ②　図中の A・B にあてはまる語句を，それぞれ書きなさい。　A (　　　　)　B (　　　　)

記述 ③　このような制度がとられている理由について，簡単に書きなさい。

(　　　　　　　　　　　　　　　　)

最高裁判所
B　B　抗告　｜　B　抗告　B
高等裁判所　｜　高等裁判所
B　A　A　抗告　｜　A　抗告　A
地方裁判所　X　｜　地方裁判所　X
A
簡易裁判所　｜　簡易裁判所
民事裁判　｜　刑事裁判

(4)　下線部 c について，次の問いに答えなさい。

①　この制度を説明した次の文中の A～C にあてはまる語句や数字をそれぞれ書きなさい。

A (　　　　)　B (　　　　)　C (　　　　)

> 重大な(A)事件について，くじによって(B)名の裁判員が選ばれ，(C)名の裁判官とともに裁判に臨む制度である。

②　この制度は，司法制度改革の一つです。次のうち，司法制度改革にあてはまるものを2つ選びなさい。　(　　)(　　)

ア　再審制度　　**イ**　法テラス設置　　**ウ**　国選弁護人制度　　**エ**　法科大学院の創設

ちょっとひといき　何も見ずに，人に説明ができるか試してみよう！

2 次の図を見て，あとの問いに答えなさい。　　4点×13，(8)Y・Zはそれぞれ完答〔52点〕

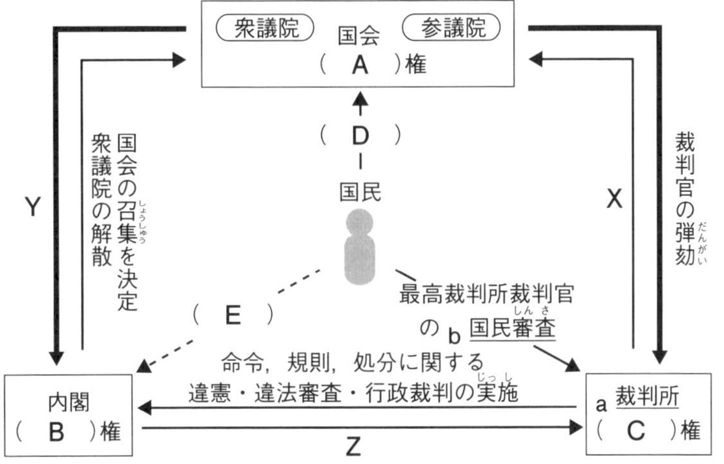

(1)　図中のA～Eにあてはまる言葉を，□からそれぞれ選びなさい。

A (　　　　) B (　　　　) C (　　　　)
D (　　　　) E (　　　　)

世論　　立法　　選挙　　行政　　司法

(2)　図のように，三つの権力が互いに抑制し合い，均衡を保っている状態を何といいますか。漢字4字で答えなさい。 (　　　　)

記述 (3)　(2)のしくみがとられている理由を，「権力」という言葉を使って簡単に書きなさい。
(　　　　)

(4)　図中の下線部aについて，次の文中の(　)にあてはまる語句を書きなさい。 (　　　　)

> 裁判が他の権力から圧力や干渉を受けないことを，司法権の(　　)という。

(5)　図中の下線部bについて，この審査は何と同時に行われますか。 (　　　　)

(6)　図中のXにあてはまる，法律が憲法に違反していないかどうかを判断するために行うものを何といいますか。 (　　　　)

(7)　(6)について最終的な決定権をもち，「憲法の番人」とよばれる機関はどこですか。 (　　　　)

(8)　図中のY・Zにあてはまるものを，次から2つずつ選びなさい。

Y (　　)(　　)　Z (　　)(　　)

ア　最高裁判所長官の指名　　イ　内閣不信任の決議
ウ　内閣総理大臣を指名　　エ　その他の裁判官の任命

ちょっとひといき　三権分立の図は，自分でもかいてみるとわかりやすいよ！

3節　地方自治と住民の参加

テストに出る！ ココが要点　解答 p.8

1 地方自治ってなんだろう　教 p.114～p.115

▶ 地域によって，人々が抱える課題や生活への要求は違う。
- **過疎**地域…医師が少ない，交通の便が悪い，学校の統廃合など。
- **過密**地域…待機児童，介護サービス不足など。

→国の政治では対応しきれず，住民自身の判断や決定が大切。

▶ (❶　　　　　　)…住民が自らの意思と責任で地域の政治を行うこと。
- さまざまな住民が参加して，地域社会の問題解決を目ざす。

→「**地方自治は民主主義の学校**」。

▶ 中央集権…国に権力が集まる状態。
- 権力が大きく複雑になると，人々の自由や権利を保障することが難しくなる→(❷　　　　　　)を行う。
- **地方分権一括法**により(❸　　　　　　)が進められる。

2 暮らしを支える地域の行政サービス　教 p.116～p.117

▶ 地域の政治は(❹　　　　　　)に基づき，都道府県と市区町村という地方公共団体(地方自治体)が行う。
- 行政サービス…学校・図書館・保健所の運営，上下水道やごみ処理場などの整備，消防や警察，まちづくり，介護や福祉の充実，子育て支援，地域産業の活性化など。

▶ (❺　　　　　　)と(❻　　　　　　)(地方議会)が地方自治体のさまざまな仕事をになう。
- 首長は**予算**案や(❼　　　　　　)案を議会に提出。議会は予算の議決，条例の制定や改正・廃止などを行う。
- 議会は首長に**不信任の議決**ができ，首長は**議会の解散権**をもつ。

　→権力の集中を防ぐ。
- 住民が監視できるよう議会は原則公開される。

　◇**情報公開制度**，(❽　　　　　　)，行政評価制度など。

▶ (❾　　　　　　)…国政よりも身近な暮らしに関わるため取り入れられている権利。
- 地域の重要な問題については住民投票で直接賛否を表すこともできる(法的拘束力なし)。

❶**地方自治**
住民が自ら地域の政治を行う。

❷**地方分権**
国から地方に権力を分ける。

❸**地方分権改革**
地方が自主的に進められる仕事を拡大。

❹**地方自治法**
地方自治のしくみを定めた法律。

❺**首長**
知事や市区町村長。

❻**議会**
条例案や予算案を審議・議決する。

❼**条例**
ある地方自治体のみに適用される法令。

❽**オンブズマン制度**
行政活動を監視・調査。

❾**直接請求権**
住民が首長や議員の解職，議会の解散，条例の制定や改正・廃止などを求める権利。

ココが要点の答えになります。

3 地域の暮らしを支えるために

教 p.118～p.119

- 地方自治体の財源…（⑩　　　　　　）や公共施設の利用料など。
  - 経済状況に地域差→自主財源だけでは困難な地方自治体も。
- （⑪　　　　　　）…地域間の財政格差を減らすため国から交付。自由に使うことができる。
  - 義務教育や福祉，公共事業など特定の行政活動のために提供される（⑫　　　　　　）もある→依存財源であり特定財源。
  - さらに足りない財源を補う→（⑬　　　　　　）を発行。
- 地方自治充実のため，地方税による安定した収入が望まれる。
  - 「（⑭　　　　　　）**の改革**」…国庫支出金を削減し，地方に税源を移譲する。
    →用途の自由度は増すが，財源が十分でなければ効果減少。
  - 「（⑮　　　　　　）**の一体改革**」…消費税を段階的に引き上げ，財源を確保しようという試み。

4 変わりゆく地域社会

教 p.120～p.121

- 地域社会では急速に進む高齢化への対応や，子育てのための環境改善が求められている。財源の確保も必要。
- （⑯　　　　　　）…近隣の市町村どうしが合併。
  - 利点…地方自治体の規模が大きくなり，財政の改善や仕事の効率化を進められる。
  - 問題点…住民の声が届きにくくなる。地域の独自性が薄れる。
  - 市町村合併の効果に関わりなく，長期的な人口減少による地域社会への課題もある。
- 地方自治体が独自に進める公共事業などに対し，反対する**住民運動**が起こることもある。
  - 住民は行政を監視，情報公開を迫る運動も行う。
- さまざまな分野で住民の（⑰　　　　　　）活動が行われる。
  - 自然保護・リサイクル・福祉・災害復興支援など。
- **条例**の制定などに住民も参加し，重要な役割をになう。
  - 行政だけでなく，（⑱　　　　　　）（非営利組織）などとの協働が必要。
- 地域社会に暮らす人々の要求も多様化。近年は外国人も増加→「地球規模で考え，地域で行動する」姿勢が求められる。

⑩**地方税**
地方自治体に住民が納める税金。

⑪**地方交付税**
地方税収入の各自治体間の格差を調整するため，国から交付されるお金。

⑫**国庫支出金**
特定の行政活動のために国から交付されるお金。

⑬**地方債**
地方自治体の借金。

⑭**三位一体の改革**
地方財源の安定化のため，2000年代に進められた。

⑮**社会保障と税の一体改革**
財源確保のため2012年に進められた。

⑯**市町村合併**
2000年代に入り盛んに進められた。

⑰**ボランティア**
利益を目的とせず，地域のために行う活動。

⑱**NPO**
利益の追求を目的としない民間組織。

テストに出る！
予想問題　3節　地方自治と住民の参加

30分　/100点

1 次の文を読んで，あとの問いに答えなさい。　4点×13〔52点〕

a地域にはそれぞれさまざまな課題があり，解決のためには住民の自主的な取り組みが欠かせない。住民自らの意思と責任で地域の政治を行うことをb地方自治という。
地方の政治は（ A ）に基づいて地方自治体によって行われ，（ B ）で選ばれたc首長と議会による（ C ）民主制に加えて，d直接民主制のしくみが取り入れられている。

(1) 文中のA〜Cにあてはまる語句をそれぞれ書きなさい。
A（　　）　B（　　）　C（　　）

(2) 下線部aについて，次の地域問題を，①過疎地域で起こる問題か②都市の過密部で起こる問題に分類しなさい。　①（　　）　②（　　）
ア　近くに医師が少なく，急病になったときの対応が不安である。
イ　人口の急激な増加によりごみ処分場の処理量が限界に近くなっている。
ウ　鉄道路線が利用者減で廃止（はいし）され，買い物に行くのも大変になった。

(3) 下線部bについて，次の問いに答えなさい。
① 地方自治は何の学校とよばれていますか。　（　　）の学校
② 1999年に出された，地方が自主的に進められる仕事を拡大し，地方自治を促進した法律を何といいますか。　（　　）

(4) 下線部cについて，次の文中のあ〜えにあてはまる語句を，□からそれぞれ選びなさい。
あ（　　）　い（　　）
う（　　）　え（　　）

首長は議会の決定に（ あ ）を求めることができるほか，議会の（ い ）権をもつ。議会が首長の（ う ）を決議した場合，首長は（ え ）するか，議会を（ い ）する。

再議　辞職　解任　解散　請求権（せいきゅう）　不信任

(5) 下線部dについて，次の問いに答えなさい。
① 住民が首長や議員の解職，条例の改正などを求めることができる権利を何といいますか。　（　　）
② 地域の重要な課題について，住民が直接意思を表す方法を，次から選びなさい。　（　　）
ア　国民審査　イ　国民投票　ウ　住民投票　エ　オンブズマン

ちょっとひといき　テスト前日の夜は，早めに寝ておこう！

2 次の問いに答えなさい。

4点×6〔24点〕

(1) 地方自治体の仕事ではないものを次から選びなさい。 (　　)

ア 消防や交通の取り締まり　　イ 学校や図書館の設置

ウ 上下水道やごみ処理場の整備　　エ 裁判所の設置と司法行政

(2) 地方自治体が行う，私たちの暮らしを支える仕事を何といいますか。

(　　　　)サービス

(3) 右のグラフを見て，次の問いに答えなさい。

よく出る ① グラフは地方財政の歳入を示したものです。グラフ中のAにあてはまる，地方自治体の住民から直接に徴収する税を何といいますか。 (　　　　)

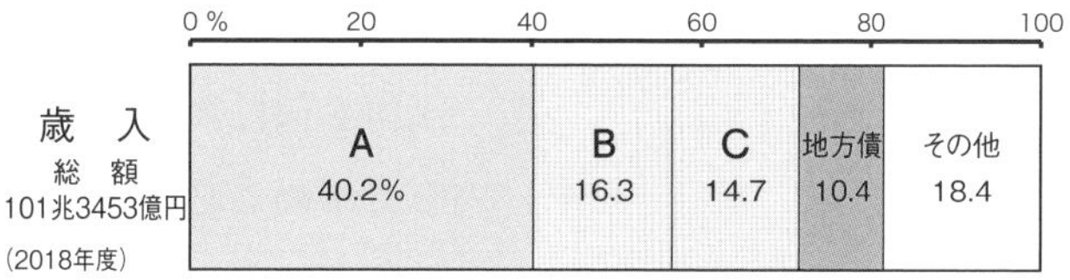

歳入総額 101兆3453億円 (2018年度)	A	B	C	地方債	その他
%	40.2%	16.3	14.7	10.4	18.4

② グラフ中のB・Cは国からの補助です。次の文を参考にして，B・Cにあてはまる語句を書きなさい。

B 地方財政の格差を是正するために国から配分される。 (　　　　)

C 公共事業など特定の活動を行うため国が補助する。 (　　　　)

(4) 2012年に進められた，消費税率を段階的に引き上げて地方自治体の財源を確保しようとする改革を□から選びなさい。 (　　　　)

社会保障と税の一体改革　　三位一体の改革　　地方分権改革

3 次の文を読んで，あとの問いに答えなさい。

4点×6〔24点〕

日本では(A)と，人口の減少が進むなかで介護や子育て支援のサービスの拡充が求められており，それをまかなうための(B)の確保が課題である。2000年代には，地方自治体の規模を大きくし，仕事の効率化をはかる(C)が進められた。

最近では，行政だけでなく a地域住民や b非営利組織との協働も増えてきている。

(1) 文中のA～Cにあてはまる語句を，それぞれ書きなさい。

A(　　　　) B(　　　　) C(　　　　)

記述 (2) Cの問題点について，「独自性」という語句を使って簡単に書きなさい。

(　　　　　　　　)

(3) 下線部aについて，地方自治体が独自に進める事業に対して，反対する住民が起こす運動を何といいますか。 (　　　　)

(4) 下線部bをアルファベットで何といいますか。 (　　　　)

ちょっとひといき 記述問題は，まず書きたい要素を箇条書きにしてからまとめてみよう！

第4章 私たちの暮らしと経済

1節　消費生活と経済活動

❶消費
お金を払って必要なものを手に入れる。
❷サービス
形のない商品。
❸電子マネー
現金を使わず支払いができる。

❹消費者基本法
消費者の権利を尊重し，自立を支援。
❺製造物責任法
欠陥商品による被害に企業の損害賠償（ばいしょう）責任を定める。
❻クーリング・オフ制度
訪問販売などの場合，一定期間内であれば無条件で契約（けいやく）を解除。
❼消費者契約法
不当な勧誘（かんゆう）によるすべての契約を解除。
❽契約
売り手と買い手の間で結ばれる約束。
❾小売業（こうり）
スーパーやコンビニなどの商店。
❿卸売業（おろしうり）
品物を仕入れ，小売業者に売る。

テストに出る！ ココが要点　解答 p.9

1 家計ってなんだろう　教 p.130～p.131

▶ （❶　　　　　）…私たちは**消費者**として経済に関わる。

● 各家庭は所得を得て財や（❷　　　　　）を購入。このような家庭の経済活動を家計という。

● 所得に応じた**税金**や**社会保険料**→国や地方自治体の財源。

▶ 所得を何に消費するかをよく考え，適切な選択（せんたく）に基づき消費の内容を決める必要がある。

● 貯蓄（ちょちく）…将来に備え所得をためる。預金，**株式**・**債券**（さいけん）の購入など。

▶ さまざまな支払いの手段…現金のほか，クレジットカード・（❸　　　　　）など。

2 消費者を守るもの，支えるもの　教 p.132～p.133

▶ 経済は分業と交換（こうかん）によって成り立つ。

● 交換…お互いの信用に基づく。

▶ 消費者保護基本法…消費者の安全と権利を守るため1968年成立→2004年に（❹　　　　　）に改正。

● **国民生活センター**や**消費生活センター**が各地に設けられる。

● （❺　　　　　）（PL法）の施行（1995年）。

● （❻　　　　　）**制度**…一定期間内であれば，訪問販売などによる契約を解除できる→（❼　　　　　）で，訪問販売に限らず不当な勧誘による契約の取り消しが可能に。

▶ （❽　　　　　）…個人の自由な意思に基づく。自分の意思で結んだ契約を守る責任が生じる→自立した消費者。

3 生産と消費を結ぶ　教 p.134～p.135

▶ 流通業…消費者と生産者をつなぐ役割。

● （❾　　　　　）…財を直接消費者に販売（はんばい）。 ｝商業
● （❿　　　　　）…生産者と小売業をつなぐ。 ｝商業

● 財を保管する**倉庫業**，財を送り届ける**運送業**。

● 情報**の流通**も行う→POS（販売時点情報管理）システム

▶ インターネットの普及（ふきゅう）が，流通業者どうしの連絡にかかる費用を大きく引き下げた→自宅への宅配が増え，包装紙・段ボール・輸送用ガソリンの過剰使用などが問題になっている。

ココが要点の答えになります。

テストに出る！

予想問題　1節　消費生活と経済活動

30分　/100点

1 次の文を読んで，あとの問いに答えなさい。　⑴9点×3，⑵5点×2〔37点〕

私たちは，収入から，収入を得るために必要な費用を差し引いた（ A ）を使って財やサービスを購入し，毎日の消費生活を営む。この家庭での経済活動を（ B ）という。私たちは（ A ）のすべてを消費するのではなく，将来に備えて（ C ）もする。（ A ）は限られているので，無駄（むだ）づかいをしないよう消費の内容を正しく選択する必要がある。

⑴ A ～Cにあてはまる語句をそれぞれ書きなさい。

A（　　　　　）　B（　　　　　）　C（　　　　　）

よく出る ⑵ 下線部について，次のうち財の購入にあたるものを２つ選びなさい。（　　）（　　）

ア　駅前からタクシーに乗る。　　イ　百貨店で洋服を買う。

ウ　パン屋で食パンを買う。　　エ　美容院で髪を切る。

2 次の文にあてはまる語句を，□からそれぞれ選びなさい。　9点×3〔27点〕

⑴ 消費者が欠陥商品によって被害（ひがい）を受けた場合，消費者が企業側の過失を証明できなくても損害賠償（ばいしょう）を求めることができる。（　　　　　）

⑵ 不当に高いキャンセル料の要求など，一方的に消費者に不利になる契約（けいやく）条項は，その部分を無効にできる。（　　　　　）

⑶ 訪問販売などによって商品を購入した場合，一定期間であれば理由にかかわりなく契約を解除できる。（　　　　　）

クーリング・オフ制度　製造物責任法　消費者契約法

3 商品の流通のしくみを示した右の図中のA ～Dにあてはまる語句を，□からそれぞれ選びなさい。　9点×4〔36点〕

A（　　　　　）
B（　　　　　）
C（　　　　　）
D（　　　　　）

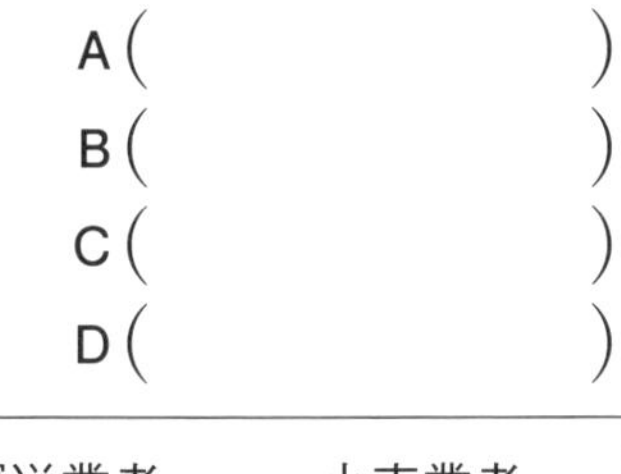
運送業者　小売業者
卸売業者　消費者

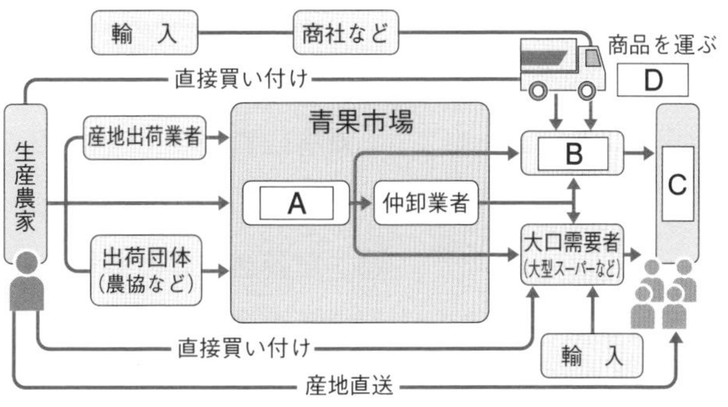

2節　企業の生産のしくみと労働①

満点★ミッション

❶企業（きぎょう）
生産活動を行う経済主体。

❷資本
道具や機械，原材料など。

❸私企業
利益を目的とした企業。

❹株式会社
資本を株式に分け出資者を集める。

❺独立行政法人
造幣局（ぞうへい）や国立科学博物館など。

❻中小企業
少人数の小さな規模で営まれる企業。

❼株主
株式を買った人。会社の実質的所有者。

❽株主総会
株式会社の最高意思決定機関。

❾投資
会社の株式を買う。

❿配当
持ち株数に応じて支払われる会社の利益。

テストに出る！ ココが要点

解答 p.9

1 生産活動をになう主体

教 p.136～p.137

▶ 生産…労働を通じ財やサービスをつくり出す。現代の経済で生産を主に行っているのが（❶　　　　）。

▶ 起業のために必要な生産要素
- （❷　　　　）　●土地　●労働力

▶ 企業の利益（利潤（りじゅん））…売上（うりあげ）からさまざまな費用を引いた残り。

▶ 資本主義経済…個人や企業の利益を目的に営まれる経済。
- 技術革新や豊かな物質生活をもたらす一方，過酷（かこく）な労働環境（かんきょう）を生み出したり，自然環境破壊（はかい）を起こしたりする可能性も。

2 さまざまな企業

教 p.138～p.139

▶ 企業の種類
- （❸　　　　）…個人企業・会社企業・組合企業
  - ◇利益を目的とし，資本主義経済の中心的役割を果たす。
  - ◇（❹　　　　）は規模を大きくしやすい。
- 公企業…（❺　　　　）・地方公営企業・国営企業など。
  - ◇国や地方自治体が資金を出し，社会全体のために運営。

▶ 製造業において，（❻　　　　）は大企業の下請（したう）け。

3 株式会社ってなんだろう

教 p.140～p.141

▶ 株式会社…資本金を少額の株式に分けて出資者を集める。

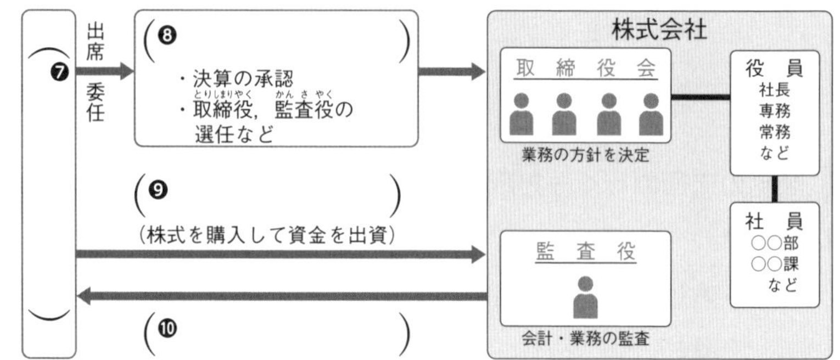

- 有限責任制…会社が倒産した場合，株主は出資金を失うがそれ以上の責任は負わない。

▶ 財務諸表など会社の会計情報で，営業成績などを評価。

▶ その会社の社会的姿勢からも，投資の判断をする。
- 企業の社会的責任（CSR）を果たしているかなどが基準となる。

ココが要点の答えになります。

テストに出る！

予想問題　2節　企業の生産のしくみと労働①

🕒30分　/100点

1 次の文を読んで，あとの問いに答えなさい。　(1)8点×5，(2)11点〔51点〕

私企業は，まず事業計画を立てて（A）を用意する。場合によっては（B）なども必要になる。そして実際に作業を行う（C）を得て，財やサービスを生産する。

売上から原材料費，利子・地代などの費用を差し引いた残りが（D）となる。（D）を目的とした私企業の生産活動を中心に営まれる経済のあり方を（E）という。

賃金
労働力
資本主義経済
土地
資本
利益

(1)　A〜Eにあてはまる語句を□からそれぞれ選びなさい。

A（　　　　）　B（　　　　）　C（　　　　）
D（　　　　）　E（　　　　）

よく出る (2)　下線部に関連して，私企業とは別に，国や地方自治体が資金を出して運営する企業を何といいますか。（　　　　）

2 次の問いに答えなさい。　7点×7〔49点〕

(1)　右の図は株式会社のしくみを示しています。図中のA〜Dにあてはまる語句を，□からそれぞれ選びなさい。

A（　　　　）　B（　　　　）
C（　　　　）　D（　　　　）

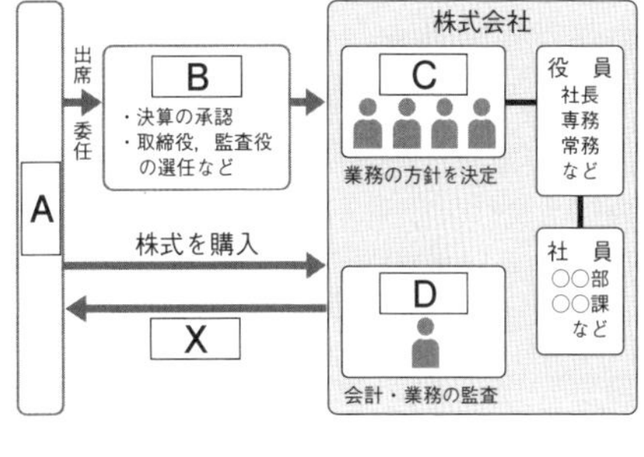

取締役会　監査役（かんさやく）　株主
株主総会　営業会議

(2)　図中のXにあてはまる語句を漢字2字で書きなさい。（　　　　）

(3)　株式会社が倒産した場合，株主は出資金を限度としてしか責任を負わないことを何といいますか。（　　　　）

よく出る (4)　右のグラフのア・イは，中小企業・大企業のいずれかです。中小企業にあてはまるものを選びなさい。（　　）

▼製造業における中小企業と大企業の割合

	ア	イ
事業所数 367999	99.1%	0.9
従業者数 792万人	68.6	31.4
製造品出荷額（しゅっか） 304兆9991億円	48.3	51.7

(2017年)　（経済産業省）

ちょっとひといき　資料が多くても落ち着いて，まず問題をよく読もう！

2節　企業の生産のしくみと労働②

❶労働基準法
1日8時間労働など，労働条件の最低基準を定める法律。

❷非正規労働者
パート・アルバイト・派遣社員など。

❸労働組合
働く人が団結してつくる組織。

❹労働関係調整法
労働者と使用者の対立を調整する法律。

❺終身雇用
新卒から定年まで同じ企業で過ごす。

❻年功序列賃金
勤続年数に応じて賃金が上がっていく。

❼能力給
仕事の成果に応じて賃金を決める。

❽ワーキング・プア
働いても十分な収入を得られない人々。

❾サービス残業
適切な賃金が支払われない残業。

❿ワーク・ライフ・バランス
仕事と生活の両立。

テストに出る！ ココが要点 解答 p.10

1 働くということ　教 p.142〜p.143

▶ 労働者が企業で働く（労働）ときは，企業と労働契約を結ぶ。

▶ 労働三法…労働者の権利を守る法律。

（❶　　　）	労働条件の最低基準を定める。正社員だけでなく，パートや派遣社員などの（❷　　　）にも適用。労働基準監督署が各企業を監督。
労働組合法	団結権（（❸　　　）をつくる権利）・団体交渉権・団体行動権の労働三権を保障。
（❹　　　）	労働者と企業の対立を調整。専門家に交渉の調整を求めることもできる。

2 安心して働ける社会　教 p.144〜p.145

▶ これまでの日本の企業
- （❺　　　）…定年になるまで同じ企業で働く。
- （❻　　　）…勤続年数に応じて賃金が上がる。

▶ 終身雇用の見直しや，成果に応じた（❼　　　）への転換が進む。
- **非正規労働者**の増加→賃金が安く，正社員との間に経済的**格差**。
  - ◇（❽　　　）**問題**…仕事があるのに貧困状態になる。
- 正社員も，長時間労働や（❾　　　）**残業**など，心身の健康を損ない**過労死**に至るような深刻な問題がある。
  →（❿　　　）の実現に取り組む。

▶ グローバル化を受けて**外国人労働者**が増加。
- 多様性の高まりや，企業の海外進出につながる。
- 人権を尊重した労働環境の整備が必要。

▶ 働く女性の問題…女性管理職が少ないことや，女性は出産・育児のために一度退職すると復職が難しいことなど→女性が働きやすい環境づくりが必要。

▶ 技術革新により，障がいのある人などの雇用機会が増加。

ココが要点の答えになります。

2節　企業の生産のしくみと労働②

⏱30分　/100点

1 次の文を読んで，あとの問いに答えなさい。　(6)③12点，他8点×11〔100点〕

私たちがa企業(きぎょう)で働く場合は，企業と（ A ）を結ぶ。何らかの理由で失業した場合，失業者に対して国は，b就職先の紹介や技能の訓練などを行っている。日本国憲法第27条では，cすべての国民に対して働く権利を保障し，さまざまな法律がつくられている。しかし，近年，d定年まで同じ企業に勤める（ B ）や，年齢とともに賃金が上がっていく（ C ）賃金が見直されるなど，e働く環境は大きく変化している。

(1) A～Cにあてはまる語句をそれぞれ書きなさい。

A（　　　　）　B（　　　　）　C（　　　　）

(2) 下線部aについて，これを何といいますか。漢字２字で書きなさい。（　　　　）

(3) 下線部bについて，就職先の紹介を行うために国が全国に置いている公共職業安定所は何とよばれていますか。カタカナで答えなさい。（　　　　）

よく出る (4) 下線部cについて，労働三法のうち，次の①・②にあてはまるものを書きなさい。

① １日の労働時間を８時間以内，１週間で最低１日は休日とするなど，労働条件の最低基準を示している。（　　　　）

② 団結権・団体交渉(こうしょう)権・団体行動権の労働三権を，具体的に保障している。（　　　　）

(5) 下線部dの結果，導入する企業が増えている，成果に応じた給与形態のことを何といいますか。（　　　　）

(6) 下線部eについて，次の問いに答えなさい。

① 次のX・Yにあてはまる語句を，あとから選びなさい。

X　仕事と家庭生活を両立し，人間らしく働くこと。（　　）

Y　パートやアルバイト，派遣社員などの不安定な雇用の労働者。（　　）

ア　正社員　　イ　非正規労働者

ウ　ワーク・ライフ・バランス　　エ　ワーク・シェアリング

② 仕事をしているにもかかわらず貧困状態になることを何といいますか。

（　　　　）問題

記述 ③ 外国人労働者が増加している現在，企業は彼らに対してどのようなことをする必要がありますか。「人権」という語句を使って簡単に書きなさい。

（　　　　　　　　　　　　）

ちょっとひといき　今日の勉強が終わったら，自分をほめてあげよう！

3節　市場のしくみとはたらき

❶価格
ものの値段。
❷需要量
消費者が買いたい量。
❸供給量
生産者が売りたい量。
❹均衡価格
需要量と供給量が一致したときの価格。
❺市場メカニズム
価格を均衡価格へ導く働き。
❻市場経済
市場を中心に営まれる経済。

❼独占禁止法
販売価格や生産量を，あらかじめ生産者間で相談することなどを禁止した法律。
❽公正取引委員会
独占禁止法を運用する機関。
❾公共料金
政府が管理する，安定供給が必要なものの価格。

テストに出る！ ココが要点　解答 p.10

1 ものの価格の決まり方　教 p.148～p.149

▶ 財やサービスには，それぞれ取り引きされるときの値段である(❶　　　　)がついている。

- 農産物・海産物などの価格や取引量は**市場**で決まる。工業製品についても同様に，価格や取引量を決めるはたらきがある。
- (❷　　　　)…消費者が買いたいと考える量。
- (❸　　　　)…生産者が売りたいと考える量。
→需要量と供給量がつりあった時点の価格が(❹　　　　)。

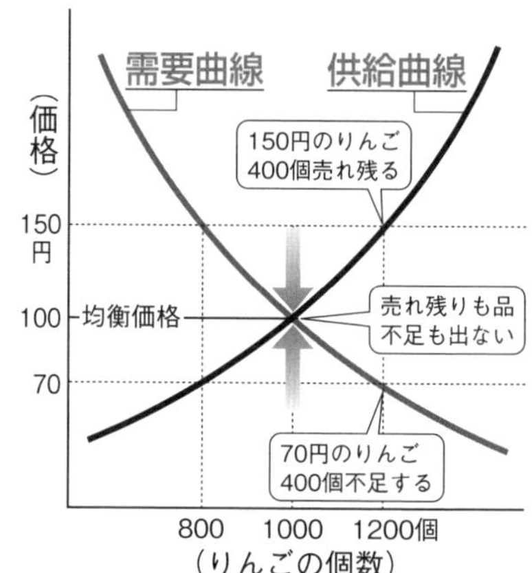

▶ 実際に取り引きされるときの価格を市場価格という。

- 市場価格を均衡価格へ導くしくみ…(❺　　　　)。
このメカニズムにより価格が決定される経済が(❻　　　　)。
- 企業は市場メカニズムに導かれて価格を決定するため，売れ残りや品不足を防ぐ…市場メカニズムの効率性。

2 価格のもつ意味　教 p.150～p.151

▶ 市場メカニズムが働くためには自由な競争が必要…生産者どうしで相談して競争を避けたりすることを(❼　　　　)で禁止→(❽　　　　)が運用する。

- 市場メカニズムが機能するためには，消費者が財やサービスの価値を適切に評価できることが必要。
- 消費者が一方的に不利にならないよう，**消費者基本法**や**消費者契約法**が定められる。

▶ 市場メカニズムになじまない電気・ガス・水道・教育などの料金は(❾　　　　)として政府などが価格を管理。

- 効率性と公平性のバランスの取れた経済のあり方を考える。

ココが要点の答えになります。

テストに出る！
予想問題　3節　市場のしくみとはたらき

30分　/100点

1 次の問いに答えなさい。　6点×11〔66点〕

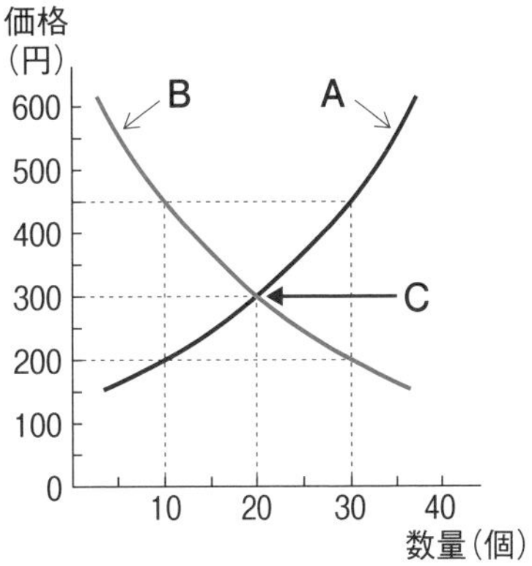

よく出る (1) 右の図は，市場(しじょう)では価格によって需要(じゅよう)量と供給量が変化することを示しています。図中のA・Bの曲線をそれぞれ何といいますか。

A（　　　　）　B（　　　　）

よく出る (2) 需要量と供給量が一致(いっち)するCの価格を何といいますか。　（　　　　）

(3) 需要量と供給量について，次の文中の{　}にあてはまる言葉をそれぞれ選びなさい。

需要量①（　）②（　）　供給量①（　）②（　）

> 需要量…①{ア　消費者　イ　生産者}が②{ウ　買いたい　エ　売りたい}量。
> 供給量…①{ア　消費者　イ　生産者}が②{ウ　買いたい　エ　売りたい}量。

(4) 市場価格をCの価格へ導くしくみを何といいますか。次から選びなさい。　（　）

ア　市場調査　　イ　マネタイズ　　ウ　市場マネジメント　　エ　市場メカニズム

(5) (4)がもつ，売れ残りや品不足を防ぐ性質を何といいますか。

（　　　　）

(6) 上の図で(2)の価格となるのは，価格がいくらで，数量がいくつのときですか。

価格（　　　円）　数量（　　　個）

2 次の問いに答えなさい。　(2)10点，他6点×4〔34点〕

(1) 生産者どうしで相談をして，競争を避ける取り決めをすることなどを禁じる法律を何といいますか。また，その運用にあたる行政機関を書きなさい。

法律（　　　　）　行政機関（　　　　）

記述 (2) 消費者基本法や消費者契約法はどのような目的で定められていますか。「消費者」という語句を使って簡単に書きなさい。

（　　　　　　　　）

(3) 政府が管理する，安定供給が必要なものの価格を何といいますか。

（　　　　）

(4) (3)にあたるものを次から選びなさい。　（　）

ア　携帯電話の料金　　イ　インターネットの料金　　ウ　水道料金　　エ　食事の代金

ちょっとひといき　自分の好きな商品で，需要量・供給量・価格の関係を考えてみよう！

4節　金融のしくみと財政の役割①

❶**金融**
お金の貸し借りの関係。

❷**金融機関**
金融をなかだちする企業。

❸**利子**
借り手が貸し手に支払うお金。借入額そのものではない。

❹**融資**
お金を必要とする企業などに貸し付ける。

❺**中央銀行**
各国に存在する，市中銀行とは異なる役割をもつ銀行。

❻**日本銀行**
日本の中央銀行。

❼**発券銀行**
紙幣を発行できる唯一の銀行。

❽**銀行の銀行**
市中銀行から一定の預金を預かる代わり，必要時にお金を貸す。

❾**政府の銀行**
政府資金の取り扱い。

テストに出る！ ココが要点　解答 p.11

1 金融のしくみと中央銀行　教 p.152～p.153

▶ (❶　　　　　　)…お金を必要とする経済主体と，お金に余裕のある経済主体を結びつけ，お金の貸し借りを成り立たせる役割→銀行などの(❷　　　　　　)によって行われる。

- 金融機関…銀行・信用金庫・証券会社・保険会社など。
- お金を預金として預かり，預金者に(❸　　　　　　)(利息)を払う。預金は必要な企業に(❹　　　　　　)する。
- 融資する相手からの利子が預金者への利子よりも高いため，その差額が銀行の利潤となる。

▶ 決済機能…買い物のさい，現金のほか**口座振り込み**や**口座振替**による支払いも可能。

- インターネットや**モバイル端末**の普及により，銀行の窓口に行かなくても可能に。
- **金融テクノロジー**(フィンテック)…**ブロックチェーン**のような新しい技術。時間の節約になるが，情報保護の面で課題。

▶ 一般の銀行とは別に(❺　　　　　　)が存在→日本の中央銀行は(❻　　　　　　)。

- (❼　　　　　　)…日本で唯一紙幣(**日本銀行券**)を発行できる。
- (❽　　　　　　)…市中銀行が一時的に資金不足になった場合にお金を貸す。
- (❾　　　　　　)…税金など政府資金の取り扱いも行う。
→日本銀行は国の経済状況の安定化のため，**金融政策**も行う。

▼銀行と日本銀行を中心とした金融のしくみ

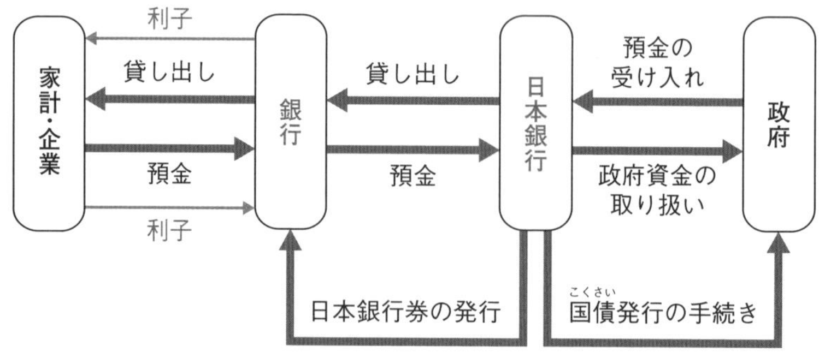

ココが要点の答えになります。

2 間接金融と直接金融

教 p.154〜p.155

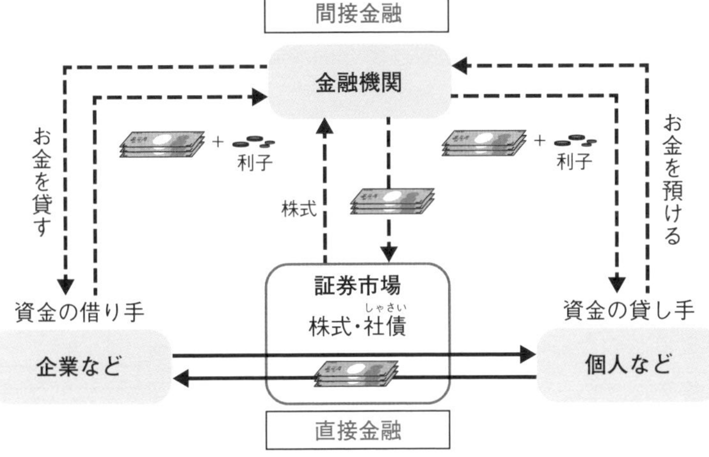

- (⑩　　　　　　)…**銀行**を通じて間接的に資金を貸す。
- (⑪　　　　　　)…証券市場を通じて直接資金を調達。
  - 直接金融の方法
    - ◇企業が**社債**を発行し，資金を借りる。
    - ◇企業が**株式**を発行し，その購入者から資金を集める。
- **株主**は会社の事業内容や社会的責任意識のもち方などについて関心をもち，**株主総会**で意見を述べる権利がある。
- 株式は株式市場で売買→株式の価格((⑫　　　　　　))は，株式に対する需要と供給の関係で決まる。
  - 事業内容がよければ多く買われて株価は上昇する。
- 利ざやの獲得(かくとく)だけを目ざした株式売買は**投機**とよばれる。

3 財政が果たす三つの役割

教 p.156〜p.157

- (⑬　　　　　　)…**政府**の経済活動。三つの役割をもつ。
- 資源配分…**公共財**は，料金を払った人だけが利用できるのは望ましくない→民間企業にすべての供給をまかせず，政府が供給。
  - (⑭　　　　　　)の供給…道路・公園・港・ダムなど
  - 公共サービスの供給…警察・消防・教育など
- (⑮　　　　　　)…極端(きょくたん)な所得格差を調整する。
  - 格差是正(ぜせい)により，憲法第25条の「生存権」を保障。
  - 社会保障制度　●高所得者がより多くの税金を負担する制度
- 経済の安定化…**金融政策**と(⑯　　　　　　)による。
  - 市場経済には，(⑰　　　　　　)と(⑱　　　　　　)が繰り返される(⑲　　　　　　)という性質がある。

満点ミッション

⑩間接金融
お金が必要な人に，銀行という金融機関を通して間接的にお金を貸すしくみ。

⑪直接金融
株式や社債(しゃさい)を発行して資金調達。

⑫株価
株式の価格。需要(じゅよう)と供給(きょうきゅう)の関係で変動。

⑬財政
政府の行う経済活動。

⑭社会資本
道路・公園・ダム・港湾など。

⑮所得の再分配
財政により所得格差を調節。

⑯財政政策
不況時には減税を行い，消費を活発化。

⑰好況(こうきょう)〔好景気〕
物価が上がり生産拡大。失業者が減る。

⑱不況〔不景気〕
物価が下がり生産縮小。失業者が増える。

⑲景気循環(じゅんかん)
好況と不況が繰り返される。

テストに出る！
予想問題　4節　金融のしくみと財政の役割①

30分　/100点

1 次の文を読んで，あとの問いに答えなさい。　⑶④８点，他３点×14〔50点〕

> お金に余裕(よゆう)のある経済主体と，お金を必要とする経済主体が，互いにお金を貸し借りする関係を金融(きんゆう)という。そして，金融の仲立ちをするのがa銀行などの金融機関である。また，金融には，b銀行などを通さず，企業が家計から直接資金を調達する方式もある。

⑴ 右の図は上の文の内容をまとめたものです。これを見て，次の問いに答えなさい。

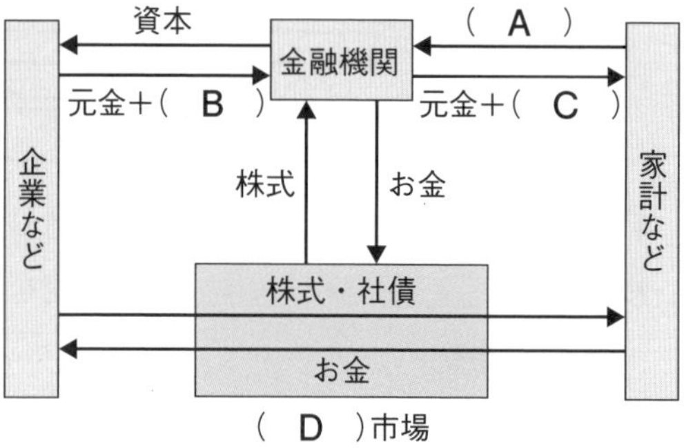

① 図中のA・Dにあてはまる語句を，それぞれ漢字２字で書きなさい。
A（　　　）
D（　　　）

② 図中のB・Cに共通してあてはまる語句を書きなさい。（　　　）

③ ②のB・Cの率は一般的にどちらが高いですか。（　　　）

よく出る ⑵ 下線部aについて，日本銀行の次の三つの役割をそれぞれ何といいますか。

① 紙幣(しへい)(日本銀行券)を発行する。（　　　）

② 政府資金を取り扱う。（　　　）

③ 市中銀行の資金が不足したとき，お金を貸し出す。（　　　）

⑶ 下線部bについて，次の問いに答えなさい。

① この方式の金融を何といいますか。（　　　）

② 銀行などを通す方法を何といいますか。（　　　）

③ 株式の売買される市場と，その価格を何といいますか。

市場（　　　）　価格（　　　）

記述 ④ 投機とは，どのような株式売買のことをいいますか。「利ざや」という語を使って簡単に書きなさい。

（　　　）

⑷ 株式の価格はどのように決まりますか。次の文中のA～Cにあてはまる語句を，あとからそれぞれ選びなさい。　A（　）　B（　）　C（　）

> （ A ）に対する（ B ）と（ C ）の関係で決まる。

ア　需要(じゅよう)　イ　資源　ウ　物価　エ　株式　オ　供給　カ　受給

ちょっとひといき　文章を読んでわかりにくいときは図にして整理してみよう！

2 次の問いに答えなさい。 3点×5〔15点〕

(1) 買い物のさい，自分の預金口座からお店の預金口座にお金を移動することで，支払いを行う手段を何といいますか。 (　　　　)

(2) (1)のような方法で支払いができるのは，銀行のどのような機能によるものですか。
(　　　　)機能

(3) 次の問いに答えなさい。

① ブロックチェーンのような新しい技術には，どのような利点と課題がありますか。次からそれぞれ選びなさい。 利点(　　) 課題(　　)

ア 情報保護が強固　　イ 時間の節約
ウ 情報保護が弱い　　エ 時間がかかる

② このような新しい技術を何といいますか。 (　　　　)

3 次の文を読んで，あとの問いに答えなさい。 (4)②8点，他3点×9〔35点〕

a政府の経済活動は三つの意味をもつ。道路・公園などの(A)や，警察・消防などの(B)といったb公共財の供給は政府が行う。また，c所得の高い人から税金を多く集め，それをもとに社会保障政策などを行う。その他，d金融政策と財政政策も行う。

(1) A・Bにあてはまる語句をそれぞれ書きなさい。
A(　　　　) B(　　　　)

(2) 下線部aのことを何といいますか。漢字2字で書きなさい。 (　　　　)

(3) 下線部bを行うことを何といいますか。次から選びなさい。 (　　)

ア 資源配分　　イ 資金配分　　ウ 資金提供　　エ 財源供給

(4) 下線部cについて，次の問いに答えなさい。

① これを何といいますか。 所得の(　　　　)

記述 ② これを何のために行いますか。簡単に書きなさい。
(　　　　　　　　)

③ これは基本的人権のうち，どのような権利を保障するものですか。
(　　　　)権

(5) 下線部dは何のために行いますか。①・②にあてはまる語句を□から選びなさい。
①(　　　　)の②(　　　　)化

財政	経済	株式市場	安定	可視	効率

(6) 市場経済のもつ，好況(こうきょう)と不況が交互に繰り返される性質のことを何といいますか。
(　　　　)

ちょっとひといき テスト当日，朝ご飯を食べすぎないように気をつけよう！

4節　金融のしくみと財政の役割②

❶税金〔租税〕
財政の中心的な資金源。

❷直接税
税金を納める人と負担する人が同じ。

❸間接税
税金を納める人と実際に負担する人が別。

❹消費税
小売店で買い物をするときにかかる税。

❺累進課税制度
所得額の段階ごとに異なる税率を適用する。

❻逆進性
低所得者であるほど高負担になる。

❼予算
政府の一年間の収支計画。

❽歳入
財政活動のための一年間の収入。

❾歳出
財政活動のための一年間の支出。

テストに出る！ ココが要点　解答 p.12

1 税金を納めること

教 p.158～p.159

▶ （❶　　　　　　）…財政の中心的な資金源（財源）。

●国税は中央政府の財源，地方税は地方政府の財源となる。

	（❷　　　　　　）…税金を納める人と負担する人が同じ。	（❸　　　　　　）…税金を納める人と負担する人が違う。
国税	◇**所得税**…賃金・給与にかかる。 ◇**法人税**…企業の利潤にかかる。 ◇**相続税**…遺産相続にかかる。	◇（❹　　　　　　）…消費者が負担し，商店が納める。 ◇酒税　◇たばこ税 ◇関税　など
地方税	◇**住民税**…住所のある地方公共団体に納める。 ◇**固定資産税**…土地・家屋にかかる。　など	◇地方消費税 ◇都道府県たばこ税（都たばこ税） ◇市町村たばこ税 ◇入湯税　など

●会社は労働者の給与からあらかじめ税金を差し引いて，納税の手続きをする（**源泉徴収制度**）。

▶ （❺　　　　　　）**制度**…所得税において，所得が多くなるほど税率が高くなるしくみ。

●低所得者の負担をへらし，**所得の再分配**を図る。

▶ 直接税は**自己申告**によって納税→申告漏れや脱税により公平性に問題。

▶ 間接税は支払いと同時に納税→脱税などの問題は起こりにくいが，低所得者の税負担割合が高くなる（❻　　　　　　）の問題が生じる。

2 税金の行方と国の借金

教 p.160～p.161

▶ 政府は毎年（❼　　　　　　）をたて，計画にしたがって必要な政策を行う。

●日常的な活動…**一般会計予算**

●特別な目的…**特別会計予算**

▶ **税金**を中心とした，政府の一年間の収入を（❽　　　　　　），支出を（❾　　　　　　）という。

●歳出のうち最も多いのは**社会保障**に関わる予算。

ココが要点の答えになります。

▶ 地方予算のうち，地方交付税，**地方譲与税**，国庫支出金は国から地方に移される→地域どうしの人口による歳入の差を縮小。

▶ 歳出に対し歳入が不足した場合は（⑩　　　　　）を発行し，国民から借金をする。

●国…（⑪　　　　　）

●地方…（⑫　　　　　）

●集めたお金は，社会資本の整備や景気対策の資金として使用。

▼国の歳入と歳出

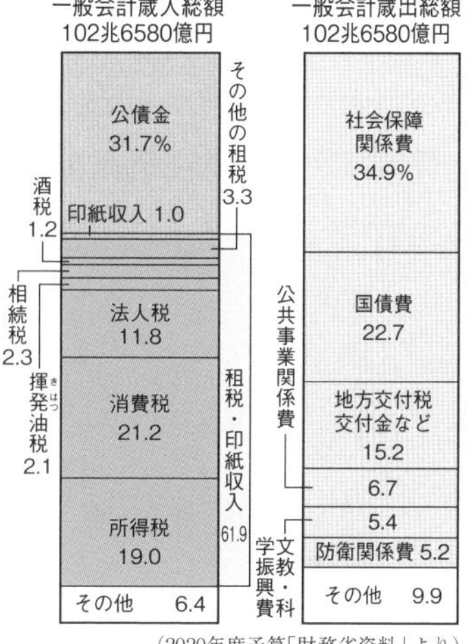

（2020年度予算「財務省資料」より）

●国では，経済対策や社会保障関係費の増加によって深刻な財政赤字が続く→国債の残高が高額に。財政構造の見直しが進む。

3 経済政策が目ざすもの

教 p.162～p.163

▶ （⑬　　　　　）（GDP）…一年間に新たに生み出される財やサービスの価値（**付加価値**）の合計。

●（⑭　　　　　）…GDPが年々大きくなること。GDPの一年間の増加率が**経済成長率**。

▶ インフレとデフレ…景気には循環がある。

●**好況**…行きすぎると（⑮　　　　　）（インフレ）が生じる。

●**不況**…行きすぎると（⑯　　　　　）（デフレ）が生じる。

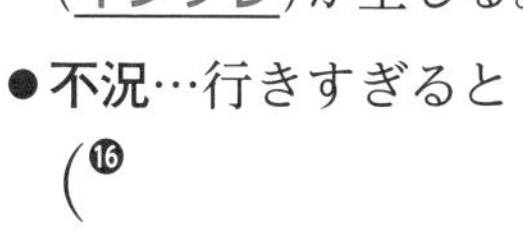

▼景気の循環

好況
景気上昇
景気後退
不況
景気回復

◇不況のときには，倒産する企業や，（⑰　　　　　）する人も出る。

▶ 経済政策…中央銀行が行う（⑱　　　　　）と，政府が行う（⑲　　　　　）を組み合わせて経済の安定化を図る。

●（⑳　　　　　）…経済がインフレになる→**中央銀行**が国債などを売却→社会に出回る通貨が減る→生産や消費が抑えられ，インフレを抑制。

●不況の時→**政府**が所得税などの減税を行う→消費が増える→生産活動が活発化し，景気回復。

満点★ミッション

⑩**公債**
国や地方の債券。

⑪**国債**
国が行う借金。

⑫**地方債**
地方が行う借金。

⑬**国内総生産**
国の経済力をはかる物差し。

⑭**経済成長**
経済の規模が大きくなること。

⑮**インフレーション**
物価が上がり続ける。所得が増え，生産量や働く人の数も増加。

⑯**デフレーション**
物価が下がり続ける。商品が売れず，企業の業績は悪化。

⑰**失業**
職を失うこと。

⑱**金融政策**
日本銀行が景気を安定させるために行う。

⑲**財政政策**
政府が景気を安定させるために行う。

⑳**公開市場操作**
中央銀行が間接的に通貨量を調整し，景気を調節する政策

 解答 p.12

テストに出る！ 予想問題

4節　金融のしくみと財政の役割②

30分　/100点

1 右の租税の分類表を見て，次の問いに答えなさい。　4点×8〔32点〕

納税先＼納税方法	納税者と実際の負担者が一致する	納税者と実際の負担者が一致しない
国	A	B
都道府県，市(区)町村	C	D

よく出る (1) 納税先の違いから，表中のA・B，C・Dの税をそれぞれ何といいますか。

A・B（　　　　）
C・D（　　　　）

よく出る (2) 納税方法の違いから，表中のA・C，B・Dの税をそれぞれ何といいますか。

A・C（　　　　）
B・D（　　　　）

(3) 表中のAとCにあてはまるものを，次からそれぞれすべて選びなさい。

A（　　　　）　C（　　　　）

ア　住民税　　イ　法人税　　ウ　酒税
エ　固定資産税　　オ　相続税　　カ　消費税

記述 (4) 所得税などでとられている「累進課税」とはどのようなしくみか，簡単に書きなさい。

（　　　　）

(5) 消費税はすべての人に対して同じ税率がかかるため，低所得の人ほど負担が重くなりますが，このことを何といいますか。（　　　　）

2 次の文を読んで，あとの問いに答えなさい。　4点×5〔20点〕

政府が財政活動を行うために集める一年間の収入を（ A ），支出を歳出という。歳出では a 社会保障関係費が最も大きな割合を占め，（ A ）は（ B ）と公債金が中心になっている。近年は（ C ）が続き，b 国債の残高が大変な金額になっている。

(1) 文中のA～Cにあてはまる語句を，□からそれぞれ選びなさい。

A（　　　　）　B（　　　　）　C（　　　　）

所得	歳入	地方交付税交付金	税金	財政赤字	財政黒字

(2) 下線部aについて，この背景にある社会問題を，漢字３字で書きなさい。

（　　　　）

(3) 下線部bについて，国債は政府が国民に対して行う借金ですが，地方が国民に対して行う借金を何といいますか。（　　　　）

ちょっとひといき　赤シートはなくしがちなので，気をつけよう！

3 次の文を読んで，あとの問いに答えなさい。　4点×12〔48点〕

> 国の経済状態を表す指標として a 国内総生産がある。これは1年間に新しく生み出された（ A ）の合計を示し，これが大きくなっていくことを（ B ）という。（ B ）が b 安定していると好況になり，マイナスになると不況になる。経済を安定させるため，日本銀行による c 金融(きんゆう)政策や，政府による d 財政政策が行われる。

(1) 文中のA・Bにあてはまる語句を書きなさい。

A（　　　　　　）　B（　　　　　　）

(2) 下線部aについて，国内総生産の略称をアルファベットで書きなさい。

（　　　　　　）

よく出る (3) 下線部bについて，次の問いに答えなさい。

① 右の図は景気の波を示したものです。景気がXのときに起こることとして正しいものを，次から2つ選びなさい。

（　　）（　　）

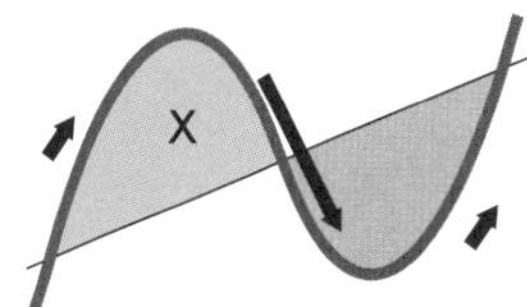

ア 物価上昇(じょうしょう)　イ 失業者減少

ウ 失業者増加　エ 生産縮小

② 好況(こうきょう)が行きすぎたときに生じるのは，インフレとデフレのどちらですか。

（　　　　　　）

(4) 下線部cについて，次の問いに答えなさい。

① 右の図は，ある金融政策のしくみを示しています。図中のあ・いにあてはまる語句をそれぞれ書きなさい。

あ（　　　　　　）

い（　　　　　　）

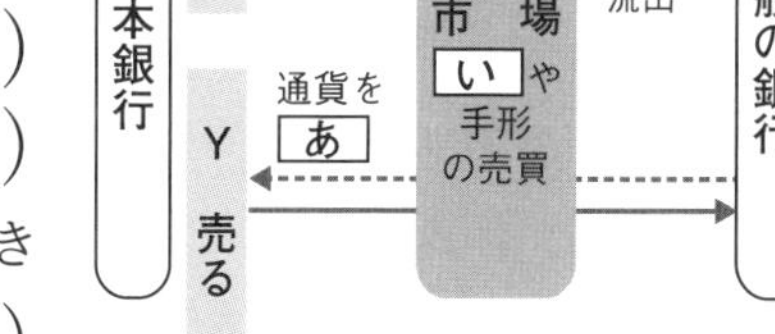

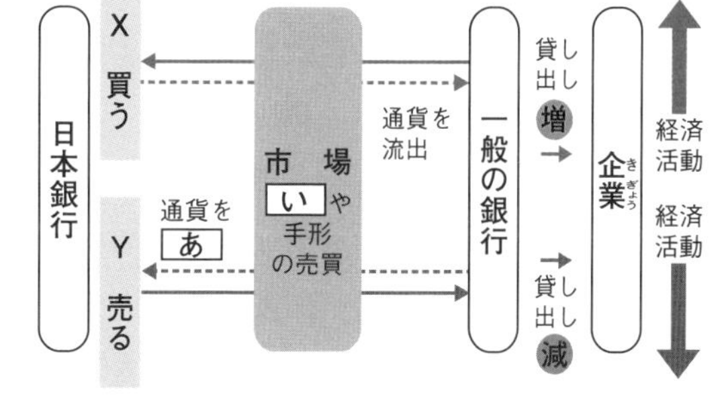

② X・Yのうち，好況が行きすぎたときに行われるのはどちらですか。（　　）

③ このような金融政策を何といいますか。（　　　　　　）

(5) 下線部dについて，不況のときに政府が行うことを次から選びなさい。（　　）

ア 増税をしたり，公共事業などに対する歳出を増やしたりする。

イ 増税をしたり，公共事業などに対する歳出を減らしたりする。

ウ 減税をしたり，公共事業などに対する歳出を増やしたりする。

エ 減税をしたり，公共事業などに対する歳出を減らしたりする。

(6) 下線部c・dを合わせて何といいますか。

（　　　　　　）

ちょっとひといき　がんばってもがんばれない日はだれにでもある！ 早めに寝て明日がんばろう！

第5章 安心して豊かに暮らせる社会

1節 暮らしを支える社会保障

テストに出る！ ココが要点 解答 p.12

1 身のまわりの社会保障制度 教 p.170～p.171

▶ (❶)…失業，けが，病気などにより生活費をまかなえなくなった場合に，社会全体でお互いを支え合うしくみ。
- 費用は，**社会保険料**や**税金**によって支える。
- 特に心身が弱くなった**高齢者**への給付が多い。

2 互いに助け合う社会 教 p.172～p.173

▶ 社会保障制度のしくみ
- (❷)…病気・けが・失業時などに給付。
- (❸)…税金を財源とする**生活保護**など。
- (❹)…**子ども**への支援や，**障がい**のある人・**高齢者**などの生活支援。
- (❺)…健康の増進，**感染症の予防**など。
- その他，**住宅政策**や労働政策など。

▶ **年金保険**と**医療保険**が社会保険の中心。
- 日本では，「**国民皆保険・皆年金**」が確立。
- **国民年金**(基礎年金)…老齢年金・障害年金・遺族年金

▶ 社会保障制度の財源確保は，所得格差を調整する機能ももつ。

3 社会保障の維持のために 教 p.174～p.175

▶ (❻)**社会**…社会保障制度の財政に大きな影響。
- 給付を受ける高齢者が増加し，負担する**現役世代**が減少。

▶ **介護保険制度**…(❼)が必要な人や**認知症**の高齢者を社会全体で支える。

▶ **公助・自助・共助**という世代を超えた協力が必要に。

4 暮らしやすいまちづくりへ 教 p.176～p.177

▶ 少子高齢社会…(❽)の維持と質の改善が課題。
- 国や地方自治体による公共事業として整備。
- 交通機関における「(❾)」設備の充実や，誰もが利用しやすい(❿)による設計。
- 障がいのある人への**合理的配慮**，困難を抱えた人に対し，思いやりと想像力をもつ「**心のバリアフリー**」の必要性。

▶ **ボランティア活動**や**NPO**への参加…地域が抱える問題への貢献。

---

❶社会保障制度
社会保険・公的扶助・社会福祉・公衆衛生が４つの柱。

❷社会保険
年金保険や健康保険。

❸公的扶助
収入が少なく困窮する人に支給。

❹社会福祉
高齢者や障がい者，児童などをサポート。

❺公衆衛生
感染症予防，予防接種，公害対策など。

❻少子高齢社会
合計特殊出生率が下がり，65歳以上の割合が増える。

❼介護
生活上の手助け。

❽社会資本
公共施設。

❾バリアフリー
物理的・心理的な壁を取り除く。

❿ユニバーサルデザイン
誰もが利用しやすい設計。

ココが要点の答えになります。

テストに出る！
予想問題　1節　暮らしを支える社会保障

30分　/100点

1 右の表を見て，次の問いに答えなさい。　(3)7点，他8点×6〔55点〕

(1) 表は，日本の社会保障制度を示しています。A～Dにあてはまる語句を，□からそれぞれ選びなさい。

A（　　　　　）
B（　　　　　）
C（　　　　　）
D（　　　　　）

公衆衛生　公的扶助　社会福祉　社会保険

（ A ）	健康保険，国民健康保険，国民年金，厚生年金保険，雇用保険，介護保険，労働者災害補償保険
（ B ）	生活保護
（ C ）	高齢者福祉，身体障がい者福祉，児童福祉など
（ D ）	感染症予防，予防接種，廃棄物処理，下水道整備　など

(2) 次の①・②にあてはまる社会保障制度の項目を，表中から選びなさい。

① 憲法第25条に保障された最低限度の生活を送れない人々に，生活・教育・住宅・医療などの援助を行う。（　　　　）

② 保護者のいない児童や一人親の家庭に対し，保護や援助を行う。（　　　　）

(3) 日本は1961年から国民皆保険・皆年金が行われています。このうち，「皆保険」を実現している項目を，表中からすべて選びなさい。（　　　　）

2 次の文を読んで，あとの問いに答えなさい。　9点×5〔45点〕

人々が共同で利用する公共施設のことを(　　)という。現在は公園，街路樹，病院などa生活関連の(　　)の整備が要求されている。地域では住民と行政，地元企業などが一体となって考え，実行していく取り組みや，b非営利の組織やボランティアなどの活動も盛んになっている。

(1) 文中の(　　)に共通してあてはまる語句を書きなさい。（　　　　）

よく出る (2) 下線部aについて，次の①～③にあてはまる語句を□からそれぞれ選びなさい。

① 障害のある人への状況に応じた配慮。（　　　　）

② 階段に車いす用のスロープを付けるなど，物理的・心理的な「壁」を取り除くこと。（　　　　）

③ 初めから誰もが利用しやすい設計にすること。（　　　　）

バリアフリー　ノーマライゼーション　ユニバーサルデザイン　合理的配慮

(3) 下線部bの組織をアルファベットで何といいますか。（　　　　）

ちょっとひといき　正誤問題は，シンプルな選択肢から正しいかを考えていこう！

2節　これからの日本経済の課題

❶公害
水質汚濁，大気汚染，騒音など。

❷公害対策基本法
日本で最初に制定された公害を防止するための法律。

❸汚染者負担の原則
公害に伴う費用はその発生者が負担。

❹環境基本法
地球環境問題も含め環境を守るための国の基本方針を示す。

❺循環型社会
資源の節約・再利用で自然の力を維持。

❻多国籍企業
複数の国にまたがって営業活動を行う。

❼産業の空洞化
生産拠点を海外に移すことで国内の雇用が失われる。

❽モノカルチャー
特定の農産物や資源に依存した経済状況。

❾六次産業化
生産・加工・販売までを地元で行う。

テストに出る！ ココが要点　解答 p.13

1 循環型社会に向けて　教 p.180～p.181

▶ 1960年代，経済成長を目ざした急速な工業化により，**有害物質**が排出され（❶　　　　　）が発生。

- **四大公害の発生**…新潟水俣病・四日市ぜんそく・イタイイタイ病・水俣病
- （❷　　　　　）の制定（**1967年**）。

▶ 環境保全の取り組み…環境権の主張を受け，法整備が進む。

- **環境庁**の設置（1971年）。　●自然環境保全法の制定（1972年）。
- （❸　　　　　）（PPP）の確立。
- （❹　　　　　）の制定（1993年）。
- 工場建設や地域開発の計画には，**環境アセスメント**が必要。

▶ 将来にわたって健康で豊かな暮らしを実現する「**持続可能な社会**」の実現には（❺　　　　　）の構築が大切。

- 3R（リデュース〔減量〕，リユース〔再使用〕，リサイクル）
- 循環型社会形成促進基本法の制定（2000年）。
- 企業・政府・市民の協働が必要。

2 グローバル化する経済　教 p.182～p.183

▶ **経済のグローバル化**…**新興国**の参入などにより加速。もの・情報・人・お金が国境を越えて自由に行き来する。

- 国内外で事業を展開する（❻　　　　　）の増加。
- **国際競争**の激化や世界的な分業の徹底
  →（❼　　　　　）…国内での雇用が減少し，地域経済の衰退につながる。
- （❽　　　　　）化…国内では競争力の強い産業に関連したものを重点的に生産→地域の生態系に影響する。

3 新たな日本経済のあり方　教 p.184～p.185

▶ 日本のものづくり…世界に誇れる技術。

- 技術開発や，企業どうしの連携などの努力によるもの。

▶ 大都市と地方との経済的格差が広がる→地元の生産物を**ブランド化**し販売する「（❾　　　　　）」により，地域を活性化。

▶ 地域住民，社会的企業，NPOなどの協働…「豊かさ」の変化。

ココが要点の答えになります。

テストに出る！ 予想問題

2節　これからの日本経済の課題

30分 /100点

1 次の文を読んで，あとの問いに答えなさい。 8点×9〔72点〕

Ⅰ　日本では，高度経済成長期に重化学工業化が進み，各地の工場から有害物質が未処理のまま排出された結果，大気や水が汚染（おせん）され，a四大公害などが発生した。

Ⅱ　公害問題に対応するため，1967年には（ X ）が制定され，公害に伴（ともな）う費用はその発生者が負担するb汚染者負担の原則が確立された。そして，国は環境対策をさらに進めるため1993年に（ Y ）を制定した。また，1999年に施行された環境（かんきょう）影響評価法では，工事を行う者に住民の意見を聞くことを義務づけている。

Ⅲ　ごみの増大で処分場も限界に近づいており，ごみの分別とcリサイクルの取り組みが進んでいる。将来の世代のために，d自然の循環（じゅんかん）を尊重した暮らし方が求められる。

よく出る (1)　下線部aについてまとめた次の表のA～Dにあてはまる語句を，右の□から選びなさい。

A（　　） B（　　）
C（　　） D（　　）

病名	（A）	（B）	（C）	（D）
場所	新潟県	三重県	富山県	熊本県

イタイイタイ病　四日市ぜんそく　新潟水俣病　水俣病

(2)　Ⅱの文中のX・Yにあてはまる語句を，下の□からそれぞれ選びなさい。

X（　　） Y（　　）

環境基本法　環境アセスメント　公害対策基本法

(3)　下線部bについて，これを省略して何といいますか。アルファベットで書きなさい。（　　）

(4)　下線部cの意味を次から選びなさい。（　　）

ア　再使用する　　イ　ごみの量を減らす　　ウ　ごみを資源として再生利用する

(5)　下線部dのような暮らし方のできる社会を何といいますか。（　　）

2 次の問いに答えなさい。 (3)10点，他9点×2〔28点〕

(1)　これまで国内で操業してきた工場が，安い労働力や土地を求めて海外に移転することによって起こった問題を何といいますか。 産業の（　　）

(2)　生産・販売などを世界規模で展開する大企業を何といいますか。（　　）

(3)　特定の農産物や資源に依存した経済状況を何といいますか。（　　）

ちょっとひといき　輸入に有利，輸出に不利は円高！ 輸入に不利，輸出に有利は円安！

第6章 国際社会に生きる私たち

1節 国際社会の平和を目ざして

❶主権
国内政治や外交について自ら決める権利。

❷君が代
日本の国歌。

❸国際法
国家間のきまり。国際慣習法と条約。

❹条約
二国間のものと多国間のものがある。

❺領域
主権の及ぶ範囲。

❻領土
国の領域の陸地部分。

❼領海
領土の周辺12海里までの海。

❽領空
領土と領海の上空で，一般的に大気圏まで。

❾排他的経済水域
水産資源や鉱物資源は沿岸国のものとなる。

❿国際連合
世界の平和と安全を維持。当初の加盟国は51か国。

テストに出る！ ココが要点 解答 p.14

1 国際社会を構成する国 教 p.194～p.195

▶ **パスポート（旅券）**…海外へ行くときに必ず持参。国籍を証明。

▶ 国際社会は（❶　　　　　）をもつ主権国家によって構成。

● **国家**にはさまざまな違いがあるが，主権をもつことにおいては平等（**主権平等の原則**）。

▶ どの国にも**国旗**と**国歌**が存在…その国を表す象徴（シンボル）。

● 日本の国旗「**日章旗（日の丸）**」

● 国歌「（❷　　　　　）」。

▶ （❸　　　　　）…国際社会での平和と秩序を守るためにつくられてきた。

● **国際慣習法**と（❹　　　　　）に分けられる。

2 日本の領土をめぐって 教 p.196～p.197

▶ 国家の三つの要素…（❺　　　　　）・国民・主権。

▶ 領域…三つの部分からなる。▼**領土・領空・領海**

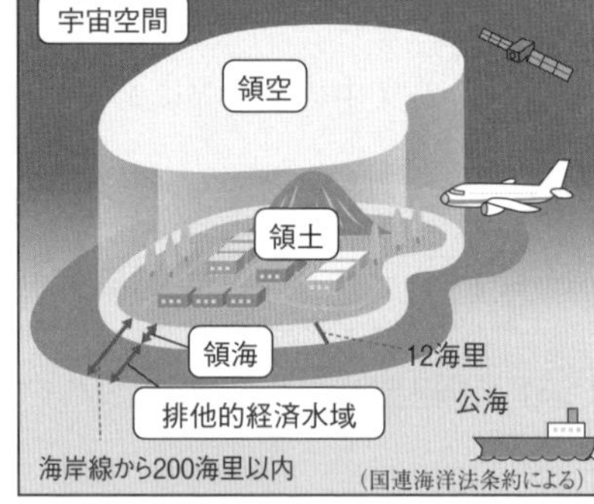

● （❻　　　　　）
…陸地部分

● （❼　　　　　）
…領土の周辺12海里。

● （❽　　　　　）
…領土と領海の上空。

▶ （❾　　　　　）
…領海の外側で，海岸線から**200海里**までの範囲。

● これより外を**公海**といい，国家の主権が及ばず，原則どの国の船も自由に航行や漁業ができる。（公海の自由）

▶ 領土をめぐる問題→外交交渉で平和的に解決することが重要。

● **北方領土**…ロシア　● **竹島**…韓国　● **尖閣諸島**…中国

3 国際社会のまとめ役 教 p.200～p.201

▶ 1945年６月，サンフランシスコ会議で採択された国際連合憲章に基づき，同年10月に（❿　　　　　）（国連）が発足。

● **国際連盟**よりもさらに強く世界の平和と安全を維持することを目的とする。

ココが要点の答えになります。

▶ 国連のしくみ

- (⓫　　　　)(安保理)…アメリカ・イギリス・中国・フランス・ロシアの５か国の常任理事国と10か国の**非常任理事国**。常任理事国は(⓬　　　　)をもつ。
- (⓭　　　　)…全加盟国で構成。

▶ 国連のはたらき

- 多国籍軍の派遣や(⓮　　　　)(PKO)。
- **ユネスコ**(国連教育科学文化機関：UNESCO)，WHO(世界保健機関)，(⓯　　　　)(国連児童基金：UNICEF)，国際原子力機関(IAEA)など，さまざまな専門機関。

4 地域統合の光と影

教 p.202～p.203

▶ 地域統合(地域主義)…国境を越えた経済活動を促進する試み。

▶ (⓰　　　　)(EU)…1993年に発足。

- 単一通貨(⓱　　　　)の使用や人々の自由な移動。
- ギリシャの財政状況が悪化し，2009年に**ユーロ危機**発生。

▶ 東南アジア諸国連合(⓲　　　　)…1967年設立。

- 日本・中国・韓国を加え，ASEAN＋3。

▶ アジア太平洋経済協力(APEC)…1989年開始。

▶ 日本は環太平洋パートナーシップ(TPP)**協定**や**日EU経済連携協定(日EU・EPA)**により，自由度の高い貿易を展開。

▶ 北米…1994年に北米自由貿易協定(NAFTA)→2020年にアメリカ・メキシコ・カナダ協定(USMCA)発効。

5 世界の一員として

教 p.204～p.205

▶ 日本の国際貢献…発展途上国への(⓳　　　　)(ODA)や**青年海外協力隊**，国連のPKOなど。

▶ NGO(非政府組織)による海外での支援活動が活発。

▶ 2011年の**東日本大震災**のさい，多くの国から支援が寄せられた。

6 核なき世界の実現へ

教 p.206～p.207

▶ 日本は世界で唯一の核兵器による被爆国…**非核三原則**を掲げる。

- **広島**と**長崎**は世界の核軍縮運動の象徴。

▶ 核兵器不拡散条約((⓴　　　　))に加盟しない国もあり，新たな核兵器開発の可能性は消えていない。

- 日本は自ら核兵器を保有はしないが，アメリカの核抑止力に依存(**核の傘**)。

満点ミッション

⓫安全保障理事会
平和維持を担当する国連の中心的機関。

⓬拒否権
常任理事国のうち１か国でも反対すると議題を可決できない。

⓭総会
全加盟国が参加。一国一票。

⓮平和維持活動
停戦や選挙監視など。

⓯ユニセフ
発展途上国の子どもたちへの援助などを行う。

⓰ヨーロッパ連合
ヨーロッパの一体化を目ざす。

⓱ユーロ
EUの共通通貨。

⓲ASEAN
インドネシアなど10か国が加盟。

⓳政府開発援助
二国間援助のほか，国際機関への出資も。

⓴NPT
核保有国を増やさないことを取り決め。

テストに出る！

予想問題　1節　国際社会の平和を目ざして

30分　/100点

1 次の文を読んで，あとの問いに答えなさい。　4点×10〔40点〕

> 国家は，a 領域・国民・（ A ）の三つの要素から成り立ち，それぞれ b 国旗と国歌をもっている。国際社会での平和と秩序（ちつじょ）を守るための国家間のきまり・合意を（ B ）といい，これには大きく分けて（ C ）と条約がある。

(1) 文中のA～Cにあてはまる語句をそれぞれ書きなさい。
A（　　　）　B（　　　）　C（　　　）

(2) 下線部aについて，右の図を見て，次の問いに答えなさい。

① 図中のW～Zにあてはまる語句・数字をそれぞれ書きなさい。
W（　　　）
X（　　　）
Y（　　　）
Z（　　　）

▼国家の領域

② 国家の領域として正しいものを，次から選びなさい。（　　）
ア　領土のみ　　イ　領土とW
ウ　領土とWとX　　エ　領土とXとY

③ 現在，北方領土を占拠（せんきょ）している国はどこですか。（　　　）

(3) 下線部bについて，日本の国旗を何といいますか。（　　　）

2 次の問いに答えなさい。　(3)2点，他3点×6〔20点〕

(1) 全加盟国で構成され，年1回定期的に開かれる国際連合の中心的機関を何といいますか。
（　　　）

よく出る (2) 次の活動を行っている国連の専門機関や補助機関を，□からそれぞれ選びなさい。

① 文化・教育の振興（しんこう）に取り組む。（　　　）
② 感染症（かんせんしょう）などへの保健政策を行う。（　　　）
③ 子どもたちの権利を守る。（　　　）

WHO	UNESCO（ユネスコ）	UNICEF（ユニセフ）	ILO

(3) 国連の安全保障理事会の常任理事国に含まれない国を次から選びなさい。
ア　中国　　イ　日本　　ウ　アメリカ　　エ　イギリス　（　　）

ちょっとひといき　「正しいものを選ぶ」か「あやまっているものを選ぶ」か，しっかり見よう！

(4) 安全保障理事会では，重要な議題については常任理事国のうち１か国でも反対すると決定できません。この権利を何といいますか。（　　　　）

(5) 国連のしくみや活動について，正しいものを次から選びなさい。（　　）

ア 安全保障理事会の非常任理事国は５か国で構成される。

イ 国際司法裁判所が裁判を行うには当事国の合意は不要である。

ウ 国連が紛争(ふんそう)地域で停戦監視(かんし)などを行う活動を平和維持(いじ)活動(PKO)という。

エ 国連は侵略などの行動をとった国に対して軍事的制裁を加えることはできない。

3 右の地図を見て，次の問いに答えなさい。

4点×6〔24点〕

よく出る (1) 地図中のA～Dにあてはまる地域統合を□からそれぞれ選びなさい。

A（　　　　）

B（　　　　）

C（　　　　）

D（　　　　）

USMCA　APEC(エイペック)
ASEAN(アセアン)　EU　EPA

▼世界の主な地域統合

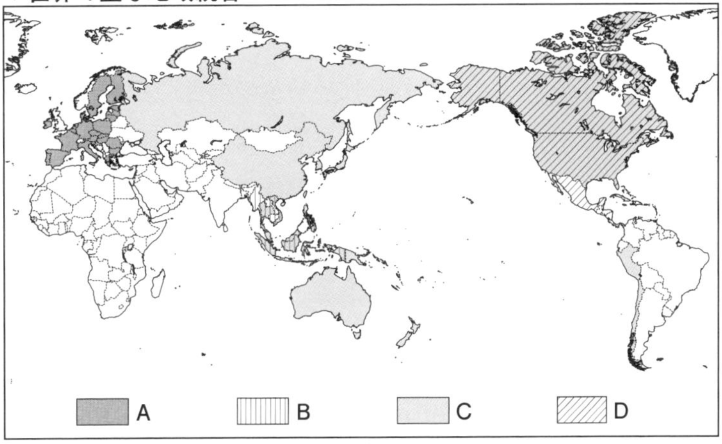

A　B　C　D

(2) Aの地域で用いられる単一通貨を何といいますか。（　　　　）

(3) 2018年に発効されたTPP協定とは，何の略称ですか。

（　　　　）協定

4 次の問いに答えなさい。

4点×4〔16点〕

(1) 核兵器をもつ国を拡大させないために1968年に結ばれた条約を何といいますか。

（　　　　）

(2) 次の文を読んで，あとの問いに答えなさい。

世界有数の経済大国となった日本は，発展途上国(とじょうこく)に対し，(　　)を派遣(はけん)して経済発展や福祉(ふくし)の向上を支援(しえん)したり，多くのODAを提供したりしてきた。

① 文中の(　　)にあてはまる語句を次から選びなさい。（　　）

ア PKF　イ 青年海外協力隊　ウ ホームステイ

よく出る ② 文中の下線部を日本語で何といいますか。（　　　　）

(3) 非政府組織のことをアルファベットで何といいますか。（　　　　）

ちょっとひといき　アルファベットの略称は取り違えやすい…！ 意味と合わせて何度も書きだそう！

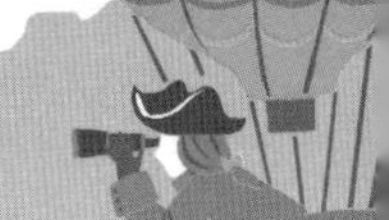

2節　国際社会が抱える課題と私たち①

❶冷戦
米ソの直接戦火を交えない対立。

❷テロリズム
政治的な目的を達成するために，特定の組織が暗殺や暴力などを行うこと。

❸地域紛争
民族や宗教対立，内戦などから起こる紛争。

❹難民
迫害をさけるため他国に逃れた人々。

❺民族
言語，宗教など文化的要因で分けた集団。

❻人間の安全保障
地球的規模の脅威に対する取り組み。

❼先進工業国
経済が発展し，工業が盛んな国。

❽発展途上国
経済水準が先進国に比べ低い国。

❾南南問題
発展途上国内の格差。

テストに出る！ ココが要点　解答 p.15

1 終わらない地域紛争　教 p.208〜p.209

▶ 東西の（❶　　　　）は，1989年の「ベルリンの壁の崩壊」と「マルタ会談」で終結へ…その後も民族紛争・内戦・（❷　　　　）など（❸　　　　）が各地で発生。
- 不特定多数の人々を攻撃したり，歴史的建造物などを破壊したりするなどのテロリズム（テロ）が増えている。

▶ アフリカ…冷戦の時代から独立をめぐる戦いや紛争が多発。
- スーダンでの紛争に国連が介入→**南スーダン独立**。

▶ 民族紛争の場合，多数の（❹　　　　）が発生。
- **シリア内戦**では35万人以上が死亡，550万人以上が難民に。
- 国連難民高等弁務官事務所（UNHCR）が中心となり，難民が祖国に戻れるよう，保護や救援活動。

2 さまざまな価値観の中で　教 p.210〜p.211

▶ 世界にはさまざまな（❺　　　　）が存在。
- さまざまな民族が**多様性**を認め合い共存する姿勢が大切。

▶ 多様な宗教…国内で複数の宗教・宗派が対立することも。
- イスラエルとパレスチナの間では激しい対立…パレスチナ難民，領土問題，テロ，**イスラム教**と**ユダヤ教**という宗教の違い。

3 安全をおびやかすもの　教 p.212〜p.213

▶ （❻　　　　）…単に紛争や暴力がない状態だけではなく，すべての人々が人間らしく安心して生きる社会を目ざす。

▶ 複雑化する南北問題

> 北半球＝（❼　　　　）（先進国）が集中
> …工業が発展し，経済的に豊か。

> 南半球＝（❽　　　　）（途上国）が多い
> …**新興工業経済地域（NIES）**・**BRICS**諸国⇔その他の途上国

- このような南北の経済格差を南北問題，途上国間の経済格差を（❾　　　　）という。

▶ 2015年国連総会で「持続可能な開発目標（SDGs）」を採択。

ココが要点の答えになります。

2節　国際社会が抱える課題と私たち①

30分　/100点

1 次の文を読んで，あとの問いに答えなさい。　12点×4〔48点〕

> 東西の冷戦終結後も，民族紛争，内戦，テロリズムなどの新しい(　)が世界各地で発生している。(　)の拡大とともに，民族，宗教，政治的意見の違いによる迫害などのため，国外に逃れる人々も増加している。

(1) 文中の(　)にあてはまる語句を，漢字4字で書きなさい。（　　）

(2) 下線部について，次の問いに答えなさい。

① このような人々を何といいますか。（　　）

② 右のグラフは，①の数の推移を示しています。Xにあてはまるできごとを，次から選びなさい。（　　）

ア 同時多発テロ　　イ シリア内戦　　ウ 湾岸戦争

③ このような人々が祖国に戻れるように保護や救援活動を行う国連の機関を，□から選びなさい。（　　）

UNICEF（ユニセフ）　UNESCO（ユネスコ）　UNHCR　WHO

2 次の文を読んで，あとの問いに答えなさい。　13点×4〔52点〕

> 今日，a 私たちの安全は紛争や直接的な暴力だけでなく，災害，感染症，人権侵害，貧困，飢餓などさまざまな問題によっておびやかされている。そして，こうした問題は世界各国が抱えているが，b 地球の北側に多い先進工業国と南側に多い発展途上国では，事情が大きく異なってくる。

(1) 下線部aについて，これらの脅威から人々が生命，身体，財産を守り，安心して人間らしく暮らせる社会を目ざす考え方を何といいますか。（　　）

よく出る (2) 下線部bについて，次の問いに答えなさい。

① 先進国と発展途上国の経済格差の問題を何といいますか。（　　）

② 工業化に成功した国や産油国など豊富な資源をもつ国と，そうでない国の，発展途上国の中の経済格差の問題を何といいますか。（　　）

(3) 2015年に国連総会で採択された，「地球上の誰一人として取り残さない」をスローガンとした目標を，アルファベットで何といいますか。（　　）

ちょっとひといき　テストの日の朝，友達と問題を出し合ってみよう！

2節　国際社会が抱える課題と私たち②

❶食糧不足
内戦や紛争，自然災害，異常気象などが原因。

❷水不足
過剰な水の利用や水質汚染が問題。

❸再生可能エネルギー
安全で持続可能なエネルギーを開発。

❹地球環境問題
地球温暖化など。

❺地球温暖化
温室効果ガスにより地球の気温が上昇。

❻温室効果ガス
大気中の熱を吸収し気温を上げる働き。

❼国連環境開発会議
1992年にリオデジャネイロで開催。

❽持続可能な発展
世代間の公平，世代内の公平，自然と人間の調和の三つの要点を掲げる。

❾京都議定書
先進国に温室効果ガスの削減義務。

テストに出る！ ココが要点　解答 p.15

1 なくてはならない食糧と水　教 p.214〜p.215

▶ (❶　　　　　　)…人口急増によって生じる深刻な問題。

● 発展途上国では**人口爆発**が起きている国もあり，多くの人々が飢餓に苦しむ。

▶ 21世紀の間に，先進国も含めた多くの国が(❷　　　　　　)になることが予想される。

2 子どもと女性をめぐって　教 p.216〜p.217

▶ すべての人に公平で質の高い教育を提供し，**生涯学習**の機会を促進すること…「持続可能な開発目標」の一つ。

● 貧困率が高い地域や紛争が起きている地域などでは未達成→子どもが労働力や兵士(子ども兵士)となっている場合も多い。

▶ **男女の平等**…憲法で保障されている日本でも達成が困難。

▶ 性的少数者(LGBT)への法的平等が国際社会において課題に。

3 これからの資源・エネルギー　教 p.218〜p.219

▶ **化石燃料**…豊かな生活を支える資源。産出量には限りがある。

● **メタンハイドレート**や**レアメタル**などの新資源の開発が進む。

▶ 日本の主な発電方法…**水力発電・火力発電・**原子力発電。

● 原子力発電は，少量の**ウラン**から多くのエネルギーを得られ，二酸化炭素の排出も少ないため拡大→福島第一原子力発電所の事故で見直される。

● (❸　　　　　　)(**太陽光・風力・波力・地熱・バイオマス・水力**)を基盤とした社会を目ざす。

4 「生命の星」を守るために　教 p.220〜p.221

▶ さまざまな環境問題…**砂漠化**，**大気汚染**，**水質汚濁**，**オゾン層の破壊**，**絶滅危惧種**の増大など。

▶ (❹　　　　　　)…国境を越えて広がる環境問題。

● (❺　　　　　　)…大気中の(❻　　　　　　)の濃度が高くなることで発生→洪水や干ばつ，集中豪雨などの自然災害を引き起こす。

▶ (❼　　　　　　)(地球サミット)で(❽　　　　　　)への転換の必要性→(❾　　　　　　)やパリ協定が採択。

ココが要点の答えになります。

テストに出る！
予想問題　2節　国際社会が抱える課題と私たち②

30分　/100点

1 次の問いに答えなさい。　9点×5〔45点〕

(1) アジアやアフリカの発展途上国で人口が急激に増加している原因としてあてはまらないものを，次から選びなさい。（　　）

ア　品種改良が進み，食糧が十分に生産されるようになった。
イ　医療や保健衛生のレベルが向上し，乳児の死亡率が低下した。
ウ　先進国と途上国の経済格差により，食糧配分にかたよりができた。

よく出る (2) 右のグラフ中のA～Cにあてはまる発電方法を，次からそれぞれ選びなさい。

A（　　）　B（　　）　C（　　）

ア　火力発電　　イ　水力発電　　ウ　原子力発電

▼各国のエネルギー源別発電量の割合

※日本以外の国は2017年　（電気事業連合会ほか）

(3) 太陽光，風力，波力など，自然を利用し，なくなる心配のないエネルギーを何といいますか。（　　）

2 次の文を読んで，あとの問いに答えなさい。　(5)10点，他9点×5〔55点〕

現在，地球規模でa環境問題が深刻になっており，さまざまな対策が講じられている。1992年にはリオデジャネイロでb国連環境開発会議が開催された。これを受けて1997年に京都で開かれた会議では（ A ）が採択され，c先進国に削減目標が課せられたが，アメリカは早期に離脱した。2015年には，（ B ）が採択され，途上国も含めた目標が定められた。

(1) 文中のA・Bにあてはまる語句をそれぞれ書きなさい。

A（　　）　B（　　）

(2) 下線部aについて，国境を越えて広がる環境問題を何といいますか。（　　）

(3) 下線部bについて，この会議は他に何とよばれていますか。（　　）

(4) 下線部cについて，削減の対象となった二酸化炭素などをまとめて何といいますか。（　　）

記述 (5) 環境問題について，国家間での交渉がなかなか進まない理由を，「利害」という語句を使って簡単に書きなさい。

（　　）

ちょっとひといき　1冊最後まで使い切ってえらい！ おめでとう！

終章 私たちが未来の社会を築く

1節 持続可能な未来の社会へ

満点ミッション

❶持続可能な未来
将来の世代に資源と快適な環境を残す。

❷SDGs
持続可能な開発目標の略称。

❸開発
SDGsのDにあたる。精神的豊かさも追究。

❹エシカル消費
環境や人権，社会倫理に配慮した製品・サービスを選ぶ。

❺フェアトレード
発展途上国の生産者と先進国の消費者を公正な取引でつなぐ。

❻地球温暖化
温室効果ガスにより地球の気温が上昇。

❼原子力発電所
原発。事故を経て，脱原発も進む。

❽発展途上国
経済水準が低い国。

❾人口減少社会
高齢化により，人口が減っている社会。

❿世界遺産
ユネスコが認定。

テストに出る！ ココが要点 解答 p.16

1 持続可能な未来と私たち 教 p.228～p.229

▶ (❶　　　　　　)な未来を考える四つの視点
- 「つながる」ことを大切にする未来
- 「つづける」ことができる未来
- 「つりあう」ことで構築される公正な未来
- 「つつみこむ」ことでさまざまな他者を認める未来

▶ (❷　　　　　　)(持続可能な開発目標)
- 17の目標と169のターゲットで構成。
- 「地球上の誰一人として取り残さない」がスローガン
- D＝Development((❸　　　　　　))
  - ◇経済発展だけでなく，人間的発展も含む。
  - ◇(❹　　　　　　)…誰によって，どこでどのように作られたのかがわかる製品を購入し，消費しようという考え方。代表例に(❺　　　　　　)(公正取引)がある。

2 私の提案「自分を変える，社会を変える」をつくろう 教 p.230～p.233

▶ 持続可能な未来を危うくする課題…さまざまな場面に存在
- 環境・資源…自然災害，(❻　　　　　　)などの環境破壊。エネルギーや資源の枯渇。(❼　　　　　　)発電所の事故。
- 平和・人権…戦争・紛争・テロ・核兵器など。
- 民族・性・障がいへの差別・偏見。宗教対立。いじめなど。
- 経済…(❽　　　　　　)と先進工業国の経済格差など。世界人口の爆発，日本の超高齢・(❾　　　　　　)社会。
- 健康…感染症や疾病，薬物など。
- 教育・文化…識字率の問題など。(❿　　　　　　)・地域遺産の保護と破壊など。
- 情報…ICT，PC・スマートフォン，ソーシャルメディアなど。
- 犯罪…地域や学校などで起こる犯罪・事件など。

▶ テーマを選び，SDGsともつなげて提案を考える。

3 持続可能な未来への対話 教 p.234

▶ 他者と「未来への対話」を行う。
- 聞き手・話し手・記録者の３者でインタビューを行う。

ココが要点の答えになります。

中間・期末の攻略本

取りはずして使えます!

解答と解説

教育出版版　社会公民

第1章　私たちの暮らしと現代社会

p.2 ココが要点

❶インターネット　❷グローバル化
❸情報通信技術　❹情報化
❺人工知能　❻SNS
❼少子化　❽高齢化
❾少子高齢化　❿核家族

p.3 予想問題

1 (1)A情報通信技術
B情報化
C国際分業
(2)グローバル化
(3)メディアリテラシー
(4)ウ

2 (1)A核家族　B15　C65
(2)少子化
(3)高齢化
(4)〈例〉生産年齢人口が減少し，国の経済力が低下する。

解説

1 (2)問題文中の「地球規模」という語句がヒントとなる。「グローバル」には「地球的な」「世界的な」といった意味がある。
(4)IoTはInternet of Things(モノのインターネット)の略。アのICTは情報通信技術，イのITは情報技術の略。エのCTは医療技術の一つ。

2 (1)A核家族世帯は高度経済成長期ごろから増加した。B・C15歳から64歳までの世代は，学生をのぞいて多くの人が労働者として社会で生産活動に従事しているため，**生産年齢人口**とよばれる。
(2)(3)合わせて「**少子高齢化**」という。日本は超少子高齢社会であるとともに，人口減少も継続すると考えられている。そこで，2003年に制定された少子化社会対策基本法のもと，子育て支援や保育サービスの充実を進めるなどの取り組みがなされている。
(4)高齢化も合わせた場合には，年金や医療を必要とする世代が増える一方でそれを負担する世代が減ることになり，社会を支えるための一人当たりの負担が増えるという問題も考えられる。

練習しよう 高齢の「齢」を攻略！

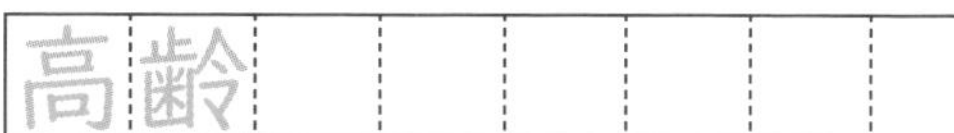

もひとつプラス　高齢化率の国際比較

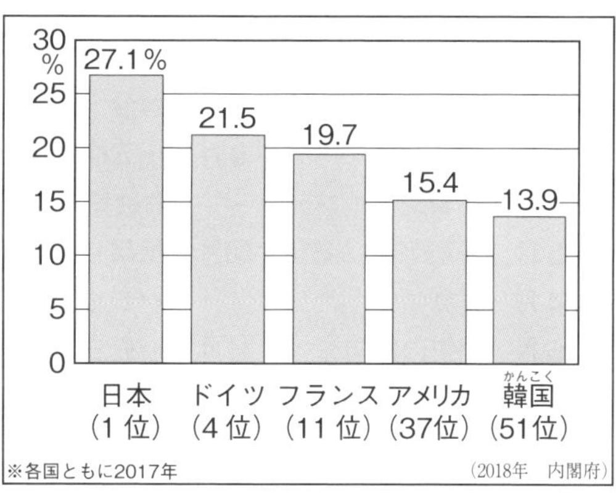

ミス注意! ICT，IoT，SNS，AIなどの略語の意味をおさえておこう。

p.4 ココが要点

❶科学　❷人工知能
❸技術革新　❹宗教
❺年中行事　❻芸術
❼文化　❽伝統文化

p.5 予想問題

1 (1)A科学　B iPS細胞
C芸術
(2)AI
(3)①キリスト教　②イスラム教
③仏教
(4)①イ
②文化財保護法
(5)ポップカルチャー

2 (1)年中行事
(2)Aア　Bエ　Cイ　Dウ

解説

1 (2)Artificial Intelligenceの略。
(3)どの地域で信仰されているかから考える。キリスト教はパレスチナ，イスラム教はアラビア半島，仏教はインドが発祥の地とされる。
(4)①**ウ・エ**は日本の年中行事である。狂言は舞台の上で行う伝統芸能の１つ。
(5)漢字では**大衆文化**という。

2 (2)A「新年」に「お参り」，B「12月25日」「キリスト」，C「3月3日」，D「こいのぼり」といった表中の語句を参考にする。

もひとつプラス　主な年中行事

1月	正月・初詣	8月	お盆
2月	節分	9月	十五夜
	バレンタインデー		お彼岸
3月	桃の節句・お彼岸	10月	秋祭り
4月	花見		ハロウィーン
5月	端午の節句	11月	七五三
6月	夏至	12月	クリスマス
7月	七夕		大晦日

練習しよう　医療の「療」を攻略！

医療

p.6 ココが要点

❶社会集団　❷社会的存在
❸対立　❹合意
❺ルール　❻契約(けいやく)
❼効率　❽公正
❾個人

p.7 予想問題

1 (1)社会集団
(2)社会的存在
(3)①エ　②イ　③ア　④ウ

2 (1)A効率　B公正　C合意
(2)Aア　Bエ　Cイ　Dウ

解説

1 (3)それぞれ，そのルールが守られないと誰が困るのか，を考える。

2 (1)ルールをつくるときのポイントは，「①目的達成のため**効率**の良いルールになっているか」「②**公正**さが図られているか」「③ルールに従う人々の**合意**が得られているか」である。
(2)「4000万円なら契約する」に対立するのは，「(4000万円では安いので，)5000万円なら契約する」という意見。「年俸は4000万円とするが出来高払いをつける」は，5000万円にはしないが，4000万円よりは出来高分が増えるので，双方の意見を取り入れている。

もひとつプラス　効率と公正

効率	場所や時間などを無駄なく使い，より多くの成果を得ることができるか。	
公正	結果の公正さ	関係する人たちにとって公平な内容になっているか。
	機会の公正さ	一部の人の権利や利益が不当に制限されていないか。
	手続きの公正さ	関係する人たちが対等に話し合いに参加しているか。

練習しよう　契約の「契」を攻略！

契約

第２章　個人を尊重する日本国憲法

p.8 ココが要点

❶専制政治　❷大日本帝国憲法
❸権力分立　❹法の支配
❺日本国憲法　❻国民主権
❼基本的人権の尊重　❽平和主義
❾象徴天皇制　(❻～❽は順不同)

p.9 予想問題

1 (1)A 1889　B 世界人権宣言
(2)①アメリカ
②独立宣言
(3)天皇
(4)国民主権・基本的人権の尊重・平和主義（順不同）

2 (1)A 3分の2以上　B 発議
C 国民投票　D 過半数
(2)①国事行為
②象徴天皇制

解説

1 (1)日本国憲法の公布年は，1946年。
(2)①イギリスからの独立を果たした戦争。
②1776年にアメリカで**独立宣言**が出され，すべての人が平等であり，自由であることを示した。**子どもの権利条約**は，1989年に国際連合が採択した。**マグナ・カルタ**と**権利章典**はどちらもイギリスのもので，人権思想の歴史において大きな役割を果たしている。

2 (1)A・D憲法の改正には厳しい条件がつけられている。B発議とは「議案を提出する」という意味。C憲法は国民の権利を保障するものであり，改正には国民の同意が必要になる。
(2)①国事行為には，国会を召集すること，栄典を授与すること，外国の大使や公使を接受することなどがある。
②天皇は国の政治に関する行為を一切行わず，**「日本国の象徴であり日本国民統合の象徴」**であるとすることを**象徴天皇制**という。

練習しよう　象徴の「徴」を攻略！

象	徴						

ミス注意！ 独立宣言はアメリカ独立戦争の成果であり，人権宣言はフランス革命の成果である。

p.10 ココが要点

❶個人　❷幸福追求権
❸平等権　❹アイヌ文化振興法
❺本質的平等　❻男女雇用機会均等法
❼男女共同参画社会基本法
❽障害者基本法　❾障害者差別解消法

p.11 予想問題

1 (1)A法　B差別
(2)同和対策審議会
(3)アイヌ文化振興法
(4)エ

2 (1)A女子差別撤廃条約
B男女雇用機会均等法
C男女共同参画社会基本法
D障害者基本法
(2)ア・エ

解説

1 (2)「部落」という言葉のもとの意味は「集落」。部落差別は，被差別部落の出身者に対する差別で，被差別部落は**「同和地区」**ともよばれる。
(3)2019年には，**アイヌ施策推進法**が成立・施行された。
(4)**在留外国人**への差別も問題になっている。

2 (1)文の前後の関係から入る語句を推測する。例えば，1979年に国連でAの女子差別撤廃条約が採択された結果，1985年に日本でもBの男女雇用機会均等法が制定されている。BはCと迷うかもしれないが，Cのすぐ後ろに「家族や社会のあらゆる場面で男女がともに責任と役割をになう」とあるので，男女共同参画社会基本法はCに入ると判断できる。
(2)**イ・ウ**は不当な差別的取扱いの例である。

練習しよう　配慮の「慮」を攻略！

配	慮						

p.12 ココが要点

❶精神活動の自由　❷身体の自由
❸経済活動の自由　❹自由権
❺表現　❻政教分離
❼黙秘権　❽冤罪
❾職業選択

p.13 予想問題

1 (1)精神活動の自由
(2)Aウ　Bエ　Cイ　Dア
(3)通信

2 (1)身体の自由　A・C
経済活動の自由　B

(2)令状

(3)ウ

(4)〈例〉無実であるにもかかわらず，犯罪者として扱われること。

解説

1 (3)2000年に施行された**通信傍受法**で，一部の犯罪捜査に関して，令状に基づいた通信の傍受が認められた。

2 (1)A・Cは「法定の手続きによらなければ，逮捕されたり処罰されたりしない自由」で，身体の自由である。Bは経済活動の自由の1つである「職業選択の自由」である。

(3)医師や弁護士などは国民の生命や安全を守るための職業であり，十分な能力を身につけていない人が就いた場合，他人の権利を侵害することも考えられる。

(4)下線部dに関連して，拷問や脅迫による自白は裁判の証拠にはならないことなどが保障されている。

もひとつプラス 自由が制限される場合

表現の自由の制限	表現の自由などを考え，ヘイトスピーチへの処罰は慎重に判断されてきたが，近年，対策が行われるようになっている。
職業選択の自由の制限	医師や弁護士など，国民の生命や安全を守るための職業に就くには，特別な資格が必要。就職後も，規制・監督を受ける。

練習しよう 冤罪の「冤」を攻略！

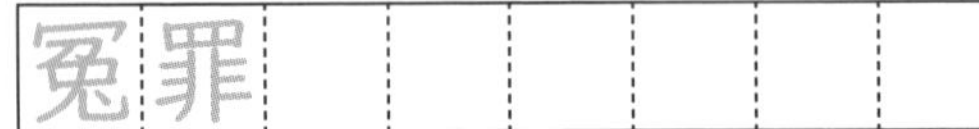

ミス注意！ 「居住・移転・職業選択の自由」は，身体の自由ではなく経済活動の自由に含まれる。

p.14 ココが要点

❶社会権　❷生存権
❸教育　❹生涯学習
❺勤労の権利　❻労働基準法
❼労働基本権　❽請願権
❾請求権

p.15 予想問題

1 (1)社会権

(2)①最低限度　②生存権

③介護保険(制度)

(3)A団結権　B団体行動権

(4)労働基準法

2 (1)A選挙権　B被選挙権

(2)①参政権　②請願権

(3)①請求権

②ドメスティック・バイオレンス

解説

1 (2)③40歳以上のすべての国民が加入する制度。

(3)A労働組合をつくり，「団結」する権利。Bストライキなど「行動」をおこす権利。

2 (3)②家庭内暴力という意味をもつ言葉。英語ではDomestic Violenceといい，DVと略される。

練習しよう 生涯の「涯」を攻略！

生涯

ミス注意！ 請願権は参政権の一つで，国や地方自治体に直接要望できる権利。請求権は国に人権の保障を求める権利。

p.16 ココが要点

❶公共の福祉　❷勤労の義務
❸納税の義務　❹環境権
❺知る権利　❻プライバシーの権利
❼個人情報保護法　❽国際人権規約
❾子どもの権利条約　(❷・❸は順不同)

p.17 予想問題

1 (1)公共の福祉

(2)勤労の義務・納税の義務(順不同)

2 (1)①知る権利

②情報公開制度

③プライバシーの権利

④個人情報保護法

⑤環境権

⑥自己決定権

(2)環境権

3 (1)A国際人権規約

B子どもの権利条約

〔児童の権利に関する条約〕

(2)NGO

解説

1 (1)「5字で」とあるのがヒント。人権は最大限尊重されるべきであるが，ほかの人権と衝突した場合には互いに調整する必要がある。

(2)教育と勤労は，「教育を受ける権利」「勤労の権利」という，権利の面もある。

2 (2)ビルの上階を斜めにすることで，周りの建物の日照権に配慮している。

3 (1)B「子どもの権利」を保護しようとする内容であることがわかる。

(2)Non-Governmental Organizationの略。

練習しよう 撤廃の「撤」を攻略！

撤廃

ミス注意！ 知る権利を守るために情報公開制度があること，プライバシーの権利を守るために個人情報保護法があること，を混同しないようにする。

p.18 ココが要点

❶9 ❷交戦権
❸平和主義 ❹自衛隊
❺文民統制 ❻日米安全保障条約
❼日米安保共同宣言 ❽PKO協力法
❾カンボジア ❿非戦闘(ひせんとう)

p.19 予想問題

1 (1)A 9 B武力 C放棄(ほうき)
D戦力 E平和主義
(2)シビリアン・コントロール
(3)持ち込ませず
(4)エ
(5)X安全保障
Y PKO Z安保
(6)エ
(7)A武力攻撃(こうげき) B防衛

解説

1 (2)シビル(civil)は「市民の，民間の」という意味をもっており，シビリアンは**文民**(軍人でない人)のこと。

(5)**Y** PKOは英語でPeace(平和)Keeping(維持)Operations(活動)の頭文字をとったもの。

(6)1992年にPKO協力法が成立し，初めて自衛隊が派遣されたのがカンボジアである。地図の**ア**はスーダン，**イ**はイラク，**ウ**はネパールで，それぞれ2000年以降に自衛隊が派遣された。

もうひとつプラス 日本国憲法第9条

> ①日本国民は，正義と秩序を基調とする国際平和を誠実に希求し，国権の発動たる戦争と，武力による威嚇又は武力の行使は，国際紛争を解決する手段としては，永久にこれを放棄する。
> ②前項の目的を達するため，陸海空軍その他の戦力は，これを保持しない。国の交戦権は，これを認めない。

練習しよう 放棄の「棄」を攻略！

放棄

第3章 私たちの暮らしと民主政治

p.20～p.21 ココが要点

❶民主主義 ❷直接民主制
❸議会制民主主義 ❹多数決
❺普通選挙 ❻平等選挙
❼秘密選挙 ❽直接選挙
❾小選挙区制 ❿比例代表制
⓫政党 ⓬与党(よ)
⓭野党 ⓮政党政治
⓯二党制 ⓰多党制
⓱連立政権 ⓲政党交付金
⓳世論(よろん) ⓴マスメディア

p.22～p.23 予想問題

1 (1)A独裁政治 B民主主義
C直接民主制 D議会制民主主義
(2)多数決

2 (1)①ウ ②エ ③イ ④ア
(2)①X小選挙区制 Y比例代表制
②X
③衆議院

3 (1)18歳(さい)(以上)
(2)ア
(3)一票の格差

4 (1)A与党　B野党　C政党交付金
(2)連立政権
(3)〈例〉政党が資金の提供元の影響を強く受け，民主主義がくずれるおそれがあるから。

5 (1)Aマスメディア　B選挙
C世論
(2)フェイクニュース

解説

1 (1)B「この考え方のもとで行う政治を民主政治という」がヒントとなる。D自分たちが選んだ代表者を通じて物事を決定するので**間接民主制**ともいう。
(2)「話し合いを続けても意見が一致しないが，方針を決定しなければならない」ときに**多数決**が出てくることに注意。何も話し合わず，いきなり多数決で決めてしまうわけではない。多数決の際には，**少数意見**も十分に尊重することが大切である。

2 (1)①普通選挙は，財産や性別による制限のない選挙，ということである。歴史的には，納税額の多い人にのみ選挙権が認められたり，女性には選挙権が認められなかったりした時期もあった。
(2)①一つの選挙区から一人の議員を選出するのが小選挙区制。選挙区自体の面積の大小とは無関係である。
②Xでは，B・Cに入れた6人の票は，意味をもたないことになる。

3 (1)グラフを見ると，2017年から，「18～19歳」の投票率が**オ**として示されている。
(3)一票の格差は，憲法14条の法の下の平等に反するとされる。

4 (3)一部の人や企業・団体が多額の政治資金を提供すると，どうしても政党の運営はその人たちの意見に左右されるようになる。そうすると，選挙でその党に投票した人たちの期待と，現実の政治がかけ離れていくおそれがある。

5 (1)政治は**世論**によって動き，世論は**マスメディア**によって動く，という関係をつかむ。
(2)世論を動かすこともある。

もひとつプラス　選挙権を保障する主な制度

期日前投票制度	選挙期日の前に投票。
不在者投票制度	出張先などから投票。
郵便投票制度	重い障がいがある場合，自宅などから郵便で投票。
洋上投票制度	特定の船の船員は洋上からファクシミリで投票。
在外投票制度	在外選挙人名簿に登録後，海外から投票。

p.24 ココが要点

❶最高機関　❷立法機関
❸常会　❹特別会
❺衆議院　❻予算
❼弾劾裁判　❽本会議
❾委員会　❿公聴会

p.25 予想問題

1 (1)A 25　B 30　C 4
D 6　E 3
(2)立法機関
(3)①常会〔通常国会〕
②予算
(4)〈例〉衆議院は任期が短く解散があり，より国民の意思を反映していると考えられるから。
(5)①両院協議会
②イ

解説

1 (1)参議院の被選挙権の年齢の方が高い。
(3)**常会**(通常国会)の主な議題は次年度の予算である。他の国会の種類としては，**臨時会**(臨時国会)と**特別会**(特別国会)，参議院の緊急集会がある。
(4)**衆議院の優越**が認められるのは，衆議院のほうが参議院よりも民意を反映していると考えられているためである。
(5)②衆議院で3分の2以上の賛成が必要なのは法律案の再可決のときである。法律は場合によっては国民に刑罰を科したり，義務を課したりするので，より慎重な手続きを求めている。

もひとつプラス　衆議院の優越

法律案の議決	衆議院の再可決で法律になる
予算の先議権がある	
予算の議決・条約の承認，内閣総理大臣の指名	衆議院の議決が国会の議決
内閣不信任の決議ができるのは衆議院のみ	

練習しよう　弾劾の「劾」を攻略！

弾劾

ミス注意！「定足数」はその会議を成立させるために必要な最小限の出席人数，「議決数」は法案を可決するために必要な人数のこと。

p.26 ココが要点

❶行政　❷内閣
❸内閣総理大臣　❹国務大臣
❺閣議　❻国会議員
❼衆議院の解散　❽行政改革
❾規制緩和（かんわ）　❿小さな政府

p.27 予想問題

1 (1)議院内閣制
(2)Aエ　Bイ　Cア
Dオ　Eウ
(3)①政令　②条約　③国事行為（こうい）

2 (1)閣議
(2)独立行政法人化
(3)A行政改革　B規制緩和（かんわ）
C効率　D公正
(4)〈例〉税金や保険料の負担を大きくする代わりに，医療（いりょう）や福祉（ふくし）を充実させるという考え方。

解説

1 (2)Cは矢印が国会全体から始まっているので，国会議員である。Dは矢印が衆議院から始まっているので，国会ではなく衆議院が行う内閣信任・不信任決議である。
(3)②外国と交渉して結ぶのは**条約**である。ただし，条約に国内での効力をもたせるには国会の承認が必要である。

2 (3)B「民間の活動を妨げない」とあるため，「**規制緩和**」が入るとわかる。「**民営化**」は，国がになっていたものを，民間の企業が行うようにすること。
(4)反対に「**小さな政府**」のもとでは，税金や保険料は少なくて済むが，行政・福祉サービスは充実しておらず，医療も高額となる。

練習しよう　緩和の「緩」を攻略！

緩和

ミス注意！外国との条約を結ぶのは内閣，条約を承認するのは国会。

p.28～p.29 ココが要点

❶司法権　❷最高裁判所
❸裁判官　❹三審制
❺控訴（こうそ）　❻上告
❼行政裁判　❽起訴（きそ）
❾刑事裁判（けいじ）　❿弁護人〔弁護士〕
⓫司法制度改革　⓬法テラス
⓭裁判員　⓮被害者参加制度（ひがいしゃ）
⓯三権分立
⓰チェック・アンド・バランス
⓱違憲立法審査権（いけん）（しんさ）　⓲憲法の番人

p.30～p.31 予想問題

1 (1)司法
(2)①ア　②イ　③ア
(3)①家庭裁判所
②A控訴（こうそ）　B上告
③〈例〉より公正で慎重（しんちょう）な裁判を行うため。
(4)①A刑事（けいじ）　B6　C3
②イ・エ

2 (1)A立法　B行政　C司法
D選挙　E世論
(2)三権分立
(3)〈例〉行きすぎた権力の行使を防ぐため。
(4)独立
(5)衆議院議員選挙
(6)違憲立法審査（しんさ）〔法令審査，違憲審査〕
(7)最高裁判所
(8)Yイ・ウ　Zア・エ

解説

1 (2)民事裁判は私的な争いごとに関しての裁判なので，当事者が納得すれば③のように和解し訴えを取り下げることもできる。刑事裁判は犯罪行為があったかなかったかを証拠に基づき厳密に判断する必要があり，当事者どうしの話し合いで決着するということはない。
(3)①第一審を担当するのは，地方裁判所・Xの家庭裁判所・簡易裁判所のいずれかである。
(4)①裁判員は被告人や証人に質問したり，被告人が有罪か無罪か，有罪の場合に刑罰はどの程度の重さがよいのか議論したりするが，実際に被告人に判決を宣告するのは裁判官である。
②**ア・ウ**は司法制度改革の内容ではなく，被疑者・被告人の権利として以前から定められている。「**法テラス**」は，誰でも身近に法律相談を受けられるように全国に設けられた。

2 (3)政治にかかわる国の権力が１か所に集中してしまうと，国民の自由をおびやかすおそれがある。
(5)やめさせた方がよいと思う裁判官がいた場合，その人の名前に×印を付けて投票する。
(7)東京都に１か所だけおかれている裁判所。

もひとつプラス　主な違憲判決

尊属殺人重罰規定…1973年に違憲判決
衆議院議員の定数配分規定(1983年の衆議院議員選挙で最大4.4倍の格差)…1985年に違憲判決
国籍取得制限規定…2008年に違憲判決

練習しよう　控訴の「控」を攻略！

控	訴						

ミス注意！ 訴えられた人は民事裁判では「被告」だが，刑事裁判では「被告人」となる。

p.32～p.33　ココが要点

❶地方自治　❷地方分権
❸地方分権改革　❹地方自治法
❺首長　❻議会
❼条例　❽オンブズマン制度
❾直接請求権　❿地方税
⓫地方交付税　⓬国庫支出金
⓭地方債(さい)　⓮三位一体
⓯社会保障と税　⓰市町村合併
⓱ボランティア　⓲NPO

p.34～p.35　予想問題

1 (1)A地方自治法　B(直接)選挙
C間接
(2)①ア・ウ　②イ
(3)①民主主義
②地方分権一括法
(4)あ再議　い解散
う不信任　え辞職
(5)①直接請求権　②ウ

2 (1)エ
(2)行政
(3)①地方税
②B地方交付税　C国庫支出金
(4)社会保障と税の一体改革

3 (1)A人口減少　B財源
C市町村合併(がっぺい)
(2)〈例〉地域の独自性が薄れるおそれがある。
(3)住民運動
(4)NPO

解説

1 (2)過疎地域は人口が減少し，地域社会を維持する機能が低下している地域で，**ア・ウ**のほかに学校の統廃合なども行われる。過密部は人口の増加で暮らしやすい生活環境が手に入りにくくなっている地域で，**イ**のほかに待機児童の増加や介護サービス不足，通勤・通学ラッシュなどが問題になっている。
(4)国の政治における内閣と国会の関係と同様に首長と議会のどちらかに権力が集中しないようにバランスが取られている。

2 (1)**エ**の司法の仕事は国が行う。地方自治体が条例で罰金などを定めることがあるが，**条例**は法律の範囲で定めるので，地方公共団体が独自に司法行政をしているわけではない。
(3)②**地方交付税**と**国庫支出金**は，国から地方への補助という点では同じだが，使い道に違いがある。地方交付税の使い道は自由だが，国庫支出金は特定の活動に使うことを目的とする。

もひとつプラス 直接請求のしくみ

請求の種類	必要な署名	請求先
条例の制定・改廃の請求	有権者の50分の1以上	首長
監査請求	有権者の50分の1以上	監査委員
議会の解散請求	有権者の3分の1以上※	選挙管理委員会
首長・議員の解職請求	有権者の3分の1以上※	選挙管理委員会

※有権者数が40万人までの場合

練習しよう 合併の「併」を攻略！

合併

第4章 私たちの暮らしと経済

p.36 ココが要点

❶消費 ❷サービス
❸電子マネー ❹消費者基本法
❺製造物責任法 ❻クーリング・オフ
❼消費者契約法 ❽契約
❾小売業（こうり） ❿卸売業（おろしうり）

p.37 予想問題

1 (1)A所得 B家計 C貯蓄（ちょちく）
(2)イ・ウ

2 (1)製造物責任法
(2)消費者契約法
(3)クーリング・オフ制度

3 A卸売業者（おろしうり） B小売業者（こうり）
C消費者 D運送業者

解説

1 (2)目的地に連れて行ってもらうこと，髪を切ることはかたちとして見えないものなので，**ア・エ**はサービスである。

2 (1)「欠陥商品によって被害」という部分に注目する。
(2)(3)**クーリング・オフ制度**で訪問販売などの契約を解除できるようになり，さらに**消費者契約法**で，訪問販売に限らず不当な契約はすべて解除できるようになった。

3 生産者から商品を一手に引き受けるのが**卸売業者**。卸売業者が各地の売れ行きをみながら**小売業者**に商品をさばき，小売業者が実際に消費者へ商品を販売する。近年は大口の小売業者(大手スーパーなど)が生産者から直接買い付けたり，消費者が生産者から直接買ったりすることも増えている。

もひとつプラス 消費者の4つの権利

アメリカのケネディ大統領が提唱。
①安全である権利
②知る権利
③選ぶ権利
④意見を反映させる権利

練習しよう 卸売の「卸」を攻略！

卸売

ミス注意！ 契約は口頭だけでも成立する。レジでの買い物も，契約の一つである。

p.38 ココが要点

❶企業（きぎょう） ❷資本
❸私企業 ❹株式会社
❺独立行政法人 ❻中小企業
❼株主 ❽株主総会
❾投資 ❿配当

p.39 予想問題

1 (1)A資本 B土地 C労働力
D利益 E資本主義経済
(2)公企業

2 (1)A株主 B株主総会
C取締役会（とりしまりやく） D監査役（かんさやく）
(2)配当
(3)有限責任制
(4)ア

解説

1 (1)**私企業**が事業を起こすには，**資本(資金)**を用意して原材料や工場を建てる土地，機械，燃料などを買いそろえ，さらにそこで働く労働者を確保する必要がある。
(2)**公企業**は，利益追求が第一の目的ではなく，低価格で安定供給することを目的としている。

2 (1)会社の株式を買った株主(A)で構成される株主総会(B)で選ばれた取締役が取締役会(C)で会社の業務の方針を決定する。

(3)**有限責任制**であるからこそ，多くの人から資本を広く集めることができる。

もひとつプラス　日本の企業の種類

私企業	個人企業	農家など	
	共同企業	組合企業	生活協同組合など
		会社企業	株式会社など
公私合同企業		ＮＴＴなど	
公企業	独立行政法人等	国立科学博物館など	
	地方公営企業	都市交通など	
	国営企業	(該当なし)	

練習しよう　利潤の「潤」を攻略！

利潤

ミス注意！ 生活協同組合や農業協同組合などの組合企業は組合員の相互扶助を目的としているが，私企業の一種である。

p.40 ココが要点

❶労働基準法　❷非正規労働者
❸労働組合　❹労働関係調整法
❺終身雇用(こよう)　❻年功序列賃金
❼能力給　❽ワーキング・プア
❾サービス
❿ワーク・ライフ・バランス

p.41 予想問題

1 (1)A (労働) 契約　B終身雇用(こよう)
C年功序列
(2)労働
(3)ハローワーク
(4)①労働基準法　②労働組合法
(5)能力給
(6)①Xウ　Yイ
②ワーキング・プア
③〈例〉人権を尊重した労働環境(かんきょう)の整備。

解説

1 (1)B・C学校を卒業して就職した会社に定年まで勤めることを**終身雇用**といい，**年功序列賃金**とともに人々の生活を安定させる役割を果たしていた。

(4)労働三法のうち，ここで取り上げていない**労働関係調整法**は，労働者と使用者の対立を調整するための法律。②**団結権**は労働組合を結成する権利。団体交渉や団体行動は労働組合として行う。

(6)①X仕事(ワーク)と家庭生活(ライフ)のバランスをとるという考え方。

②非正規労働者は賃金が安く，働くことができる日数も限られているため，しっかり働いていても収入が足りなくなる場合がある。

練習しよう　雇用の「雇」を攻略！

雇用

ミス注意！ 労働基準法は，正社員だけでなく非正規労働者にも適用される。

p.42 ココが要点

❶価格　❷需要(じゅよう)量
❸供給量　❹均衡(きんこう)価格
❺市場メカニズム　❻市場経済
❼独占禁止法　❽公正取引委員会
❾公共料金

p.43 予想問題

1 (1)A供給曲線　B需要(じゅよう)曲線
(2)均衡(きんこう)価格
(3)需要量　①ア　②ウ
供給量　①イ　②エ
(4)エ
(5)効率性
(6)価格　300(円)
数量　20(個)

2 (1)法律　独占禁止法
行政機関　公正取引委員会
(2)〈例〉消費者が一方的に不利にならないようにするため。
(3)公共料金
(4)ウ

解説

1 (1)消費者が買いたいと考える量(需要量)は価格が下がるほど増えることから，Bが需要曲線。生産者が売りたいと考える量は価格が上がるほど増えることから，Aが供給曲線とわかる。
(5)売れ残りが出るようになると，企業は価格を下げて需要が上がるようにする。逆に品不足になると，企業は価格を上げて需要が下がるようにする。それぞれ，価格は売れ残りや品不足が出ない**均衡価格**に近付いていく。
(6)需要曲線と供給曲線の交点を確認する。

2 (1)生産者が話し合いで価格を決めると，**市場メカニズム**が働かなくなるおそれがある。
(4)**ア・イ**携帯電話やインターネットは,誰にとっても必ず必要なものではない。

もひとつプラス　主な価格の種類

市場価格	需要と供給の関係で決まる市場での取引価格
独占価格	市場を独占する企業が一方的に決める価格
公共料金	生活への影響が大きいため，政府や地方自治体が管理する価格
オープン価格	製造元に関係なく小売店が決める価格

練習しよう　均衡の「衡」を攻略！

均衡

p.44～p.45 ココが要点

❶金融　❷金融機関
❸利子　❹融資
❺中央銀行　❻日本銀行
❼発券銀行　❽銀行の銀行
❾政府の銀行　❿間接金融
⓫直接金融　⓬株価
⓭財政　⓮社会資本
⓯所得の再分配　⓰財政政策
⓱好況〔好景気〕　⓲不況〔不景気〕
⓳景気循環　(⓱・⓲は順不同)

p.46～p.47 予想問題

1 (1)①A預金　D証券
②利子〔利息〕
③B
(2)①発券銀行　②政府の銀行
③銀行の銀行
(3)①直接金融
②間接金融
③市場　株式市場　価格　株価
④〈例〉利ざやの獲得だけを目ざした株式売買。
(4)Aエ　Bア　Cオ(B・Cは順不同)

2 (1)口座振替
(2)決済
(3)①利点　イ　課題　ウ
②金融テクノロジー〔フィンテック〕

3 (1)A社会資本
B公共サービス
(2)財政
(3)ア
(4)①再分配
②〈例〉所得の格差を調整するため。
③生存
(5)①経済　②安定
(6)景気循環

解説

1 (1)①D株式や債券などを証券という。
③金融機関はBとCの差額で利益を得ているため，Bのほうが高いのが一般的。
(3)④利ざやは，その株式を買ったときよりも株価が高くなっているタイミングで株式を売ることで得られる差額のこと。
(4)株式市場でも**市場メカニズム**が働く。

2 (3)ブロックチェーンは金融機関を通さずにインターネット上で金融取引や決済を行うことができるしくみで，仮想通貨の基礎。

3 (1)Aはかたちがあるもの，Bはかたちのないもの。
(4)①累進課税という，所得の高い人がより多くの税金を負担する制度を設けている。

練習しよう　金融の「融」を攻略！

金融

もひとつプラス　経済の三つの主体

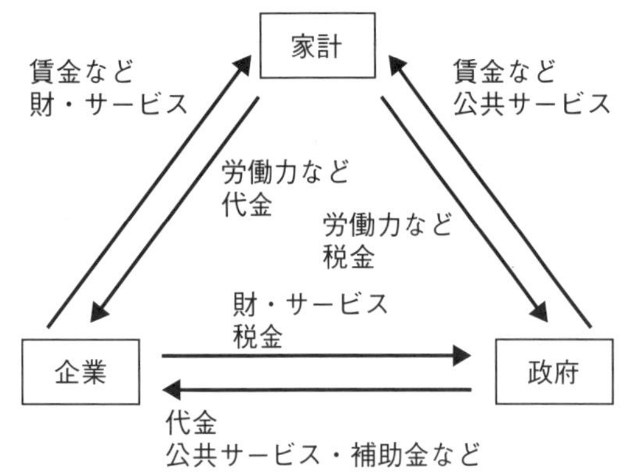

p.48〜p.49　ココが要点

❶税金〔租税〕	❷直接税
❸間接税	❹消費税
❺累進課税	❻逆進性
❼予算	❽歳入
❾歳出	❿公債
⓫国債	⓬地方債
⓭国内総生産	⓮経済成長
⓯インフレーション	⓰デフレーション
⓱失業	⓲金融政策
⓳財政政策	⓴公開市場操作

p.50〜p.51　予想問題

1 (1)A・B国税
C・D地方税
(2)A・C直接税
B・D間接税
(3)Aイ・オ　Cア・エ
(4)(例)所得の高い人ほど税率が高くなる課税制度。
(5)逆進性

2 (1)A歳入　B税金　C財政赤字
(2)高齢化
(3)地方債

3 (1)A付加価値　B経済成長
(2)GDP
(3)①ア・イ
②インフレ
(4)①あ回収　い国債
②Y
③公開市場操作
(5)ウ
(6)経済政策

解説

1 (1)A・Bは納税先が国であるため，国税。C・Dは都道府県，市(区)町村の地方自治体であることから地方税となる。
(2)税を実際の負担者が直接納めるか，間接的に納めるかの違いがある。
(3)ウ・カは間接税なので，AとCには含まれない。また，選択肢にはないが，所得税は国税で直接税なので，Aになる。
(5)毎月50万円の収入がある人と，毎月15万円の収入がある人では同じ100円の消費税であっても，所得の低い人の方が収入に占める割合が大きいため，負担が重い。

3 (2)Gross Domestic Productの略。
(4)②好況のときには，市場に出回る通貨の量を減らすということが行われる。
(5)不況のときには，消費を増やして企業の生産活動を活発にするため，人々の使えるお金が増えるようにする。

もひとつプラス　政府の財政政策

好況のとき	不況のとき
・増税 ・公共事業などの歳出を減らす	・減税 ・公共事業などの歳出を増やす

練習しよう　累進の「累」を攻略！

累進

ミス注意！　財政政策は政府が行う。日本銀行が行うのは金融政策。

第5章　安心して豊かに暮らせる社会

p.52　ココが要点

❶社会保障制度	❷社会保険
❸公的扶助	❹社会福祉
❺公衆衛生	❻少子高齢
❼介護	❽社会資本
❾バリアフリー	
❿ユニバーサルデザイン	

p.53 予想問題

1 (1)A社会保険　B公的扶助(ふじょ)
C社会福祉(ふくし)　D公衆衛生
(2)①生活保護
②児童福祉
(3)健康保険・国民健康保険

2 (1)社会資本
(2)①合理的配慮(はいりょ)
②バリアフリー
③ユニバーサルデザイン
(3)NPO

解説

1 (1)Aは健康保険や国民健康保険から「社会保険」とわかる。Bは生活保護，Cは福祉，Dは感染症予防や下水道整備などがヒントとなる。
(2)①生活保護は，憲法第25条「生存権」の考えが最も反映された制度。②同じ社会福祉に母子保健があるが，これは乳幼児や母親の健康を守るための制度。
(3)一般に，健康保険は企業で働く人，国民健康保険は自営業の人が加入する。

2 (2)②バリアとは「壁」「障害」のこと。③**ユニバーサルデザイン**は，障がいのある人だけでなく，すべての人が利用しやすくなることを目ざしている。
(3)社会的な問題の解決に向けて，NPOの活動が盛んになっている。NPOには，その迅速性と柔軟性で，今までの行政サービスでは行き届かない部分をカバーすることが期待されている。

練習しよう 扶助の「扶」を攻略！

扶助

ミス注意！ 社会保険は，保険料を払っている人が給付を受けられる。公的扶助は税金を財源とし，保険料を払う必要はない。

p.54 ココが要点

❶公害　❷公害対策基本法
❸汚染者負担の原則　❹環境基本法(かんきょう)
❺循環型社会(じゅんかん)　❻多国籍企業(たこくせききぎょう)
❼産業の空洞化(くうどう)　❽モノカルチャー
❾六次産業化

p.55 予想問題

1 (1)A新潟水俣病(にいがたみなまた)
B四日市ぜんそく(よっかいち)
Cイタイイタイ病
D水俣病
(2)X公害対策基本法
Y環境基本法(かんきょう)
(3)PPP
(4)ウ
(5)循環型社会(じゅんかん)

2 (1)空洞化(くうどう)
(2)多国籍企業(たこくせききぎょう)
(3)モノカルチャー

解説

1 (1)Bは三重県四日市市，Dは熊本県水俣市を中心に発生した。
(2)四大公害の裁判がはじまった1960年代後半に**公害対策基本法**が定められた。公害対策基本法は，**環境基本法**の成立にともない廃止されているが，その内容は受け継がれている。
(4)リサイクルは「再生利用」である。**ア**はリユース（再使用），**イ**はリデュース（減量）といい，三つ合わせて3Rとよばれる。

2 (1)国内の生産拠点が海外に移転することが，国内の働き場所が減り，日本の製造業が衰えていくことにつながる。
(2)さまざまな国に工場や営業所，研究所などを置いていることから「多国籍」企業とよばれる。人件費の安い海外に生産拠点を移すことで，多国籍企業となる大企業が増えている。
(3)**モノカルチャー**とは「モノ（単一の）」「カルチャー（文化・栽培）」という意味である。アフリカなどの発展途上国に多くみられる。

もひとつプラス 四大公害病

	新潟水俣病	四日市ぜんそく
発生地域	新潟県	三重県
発生年	1964年ごろ	1960年ごろ
主な原因	水銀など	亜硫酸ガス
	イタイイタイ病	水俣病
発生地域	富山県	熊本県
発生年	1910年代以降	1953年ごろ
主な原因	カドミウム	水銀など

練習しよう 空洞の「洞」を攻略！

空洞

第６章　国際社会に生きる私たち

p.56～p.57 ココが要点

❶主権　❷君が代
❸国際法　❹条約
❺領域　❻領土
❼領海　❽領空
❾排他的経済水域　❿国際連合
⓫安全保障理事会　⓬拒否権
⓭総会　⓮平和維持活動
⓯ユニセフ　⓰ヨーロッパ連合
⓱ユーロ　⓲ASEAN
⓳政府開発援助　⓴NPT

p.58～p.59 予想問題

1 (1)A主権　B国際法
C国際慣習法
(2)①W領空　X領海
Y排他的経済水域　Z200
②ウ
③ロシア(連邦)
(3)日章旗〔日の丸〕

2 (1)総会
(2)①UNESCO　②WHO
③UNICEF
(3)イ
(4)拒否権
(5)ウ

3 (1)A　EU　B　ASEAN
C　APEC　D　USMCA
(2)ユーロ
(3)環太平洋パートナーシップ

4 (1)核兵器不拡散条約〔NPT〕
(2)①イ
②政府開発援助
(3)NGO

解説

1 (2)①**Y**排他的経済水域では，沿岸国が水産資源や鉱物資源を自国のものとできる。②国家の領域は領土・領海・領空である。領土の上空だけではなく，領海の上空も領空に含まれる。③**北方領土**は日本固有の領土である，というのが日本政府の立場であるが，第二次世界大戦後ソ連に占拠され，現在はロシア(連邦)に引き継がれている。
(3)日本では1999年に国旗国歌法が制定され，**日章旗**(**日の丸**)を国旗，**君が代**を国歌として定めた。

2 (1)国連総会では，すべての国が平等に一票をもつ。
(2)①はユネスコ(国連教育科学文化機関：UNESCO)，②は世界保健機関(WHO)，③はユニセフ(国連児童基金：UNICEF)である。ユネスコは世界遺産の登録も行っている。
(3)安全保障理事会の常任理事国は，**アメリカ・イギリス・中国・フランス・ロシア**の５か国である。日本は非常任理事国を務めたことはあるが，常任理事国ではない。
(4)安全保障理事会では，重要な議題については常任理事国の５か国が賛成しないと決定しないことになっている(**五大国一致の原則**)。
(5)**ア**安全保障理事会の非常任理事国は10か国。任期は２年で毎年半数ずつ改選。**イ**当事国の合意が必要である。**エ**安全保障理事会の決議があれば，国連軍を組織して武力制裁を行うことも可能である。

3 (1)**A**はEU(ヨーロッパ連合)，**B**はASEAN(東南アジア諸国連合)，**C**はAPEC(アジア太平洋経済協力)，**D**はUSMCA(アメリカ・メキシコ・カナダ協定)である。
(2)EU加盟国内でも，スウェーデンのようにユーロを導入していない国もある。
(3)**TPP**(**環太平洋パートナーシップ**)**協定**は，アジア太平洋地域の国々でより水準の高い自由貿易圏を築こうというものである。

4 (1)核兵器不拡散条約では，核保有国をアメリカ・イギリス・フランス・中国・ソ連(現ロシア)の五大国に限定している。しかし，**インド，パキスタン，イスラエル，南スーダン**は不参加であり，**北朝鮮**は2003年に脱退を表明した。日本は1976年に批准している。
(2)①**ア**のPKFは平和維持軍である。国連の平和維持活動(PKO)において，停戦や休戦の監視などのために派遣される。

②日本のODAは「自助努力の支援」を基本としており，贈与(返還を求めない資金協力)比率が低いという特徴がある。

もひとつプラス 国際連合の加盟国数の推移

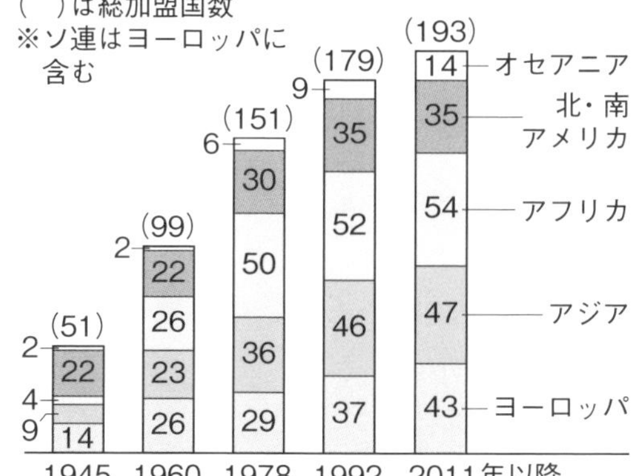

(2020年　国際連合資料)

練習しよう 尖閣の「尖」を攻略！

尖閣

ミス注意! 非政府組織はNGO，非営利組織はNPOと略される。

p.60 ココが要点

❶冷戦　❷テロリズム
❸地域紛争　❹難民
❺民族　❻人間の安全保障
❼先進工業国　❽発展途上国
❾南南問題

p.61 予想問題

1 (1)地域紛争
(2)①難民
②イ
③UNHCR

2 (1)人間の安全保障
(2)①南北問題
②南南問題
(3)SDGs

解説

1 (2)②**ア**は2001年にアメリカで，**ウ**は1991年にペルシャ湾岸で発生した。

③は**国連難民高等弁務官事務所**で，略称はUNHCRとなる。UNICEFは**国連児童基金**，UNESCOは**国連教育科学文化機関**，WHOは**世界保健機関**。

2 (1)今までは安全保障というと国どうし，国単位で考えられることが多かった。これからは環境問題や人権侵害などからの安全も含めて，人間単位で安全保障を考えていく時代になっている。

(2)①先進国は地球の北側に多く，発展途上国は地球の南側に多いことから**南北問題**といわれる。

練習しよう 紛争の「紛」を攻略！

ミス注意! 先進国と途上国の格差は南北問題，途上国どうしの格差は南南問題。

p.62 ココが要点

❶食糧不足　❷水不足
❸再生可能エネルギー　❹地球環境問題
❺地球温暖化　❻温室効果ガス
❼国連環境開発会議　❽持続可能な発展
❾京都議定書

p.63 予想問題

1 (1)ウ
(2)Aイ　Bア　Cウ
(3)再生可能エネルギー

2 (1)A京都議定書　Bパリ協定
(2)地球環境問題
(3)地球サミット
(4)温室効果ガス
(5)〈例〉先進国や新興国，発展途上国の利害が対立しているから。

解説

1 (1)**ウ**は途上国で飢餓に苦しむ人が多いことの原因の一つ。先進国に食糧が集まり，途上国の人々に十分な食糧が行き届かなくなっている。

(3)太陽光や風力は自然の力を利用するので基本的になくなる心配がない。

2 (1)Aは京都で，Bはフランスのパリで開かれた会議でまとめられた文書である。

(4)二酸化炭素などには，一定の熱を吸収して温度を一定に保つ働き(温室効果)がある。

(5)環境問題への取り組みを優先させるか，自国の経済発展を優先させるかで，先進国やBRICSなどの新興国，発展途上国の間でそれぞれの利害が対立しているため，交渉がなかなか進まないのが現状である。

練習しよう 食糧の「糧」を攻略！

食糧

ミス注意！ 京都議定書は先進国のみに削減義務。パリ協定は途上国にも目標を課した。

終章　私たちが未来の社会を築く

p.64 ココが要点

❶持続可能　❷SDGs
❸開発　❹エシカル消費
❺フェアトレード　❻地球温暖化
❼原子力　❽発展途上国
❾人口減少　❿世界遺産

6 5 4 3 2
D C B A

中間・期末の攻略本

テストに出る！

5分間攻略ブック

教育出版版

社会
公民

重要用語をサクッと確認

よく出る資料をまとめておさえる

赤シートを活用しよう！

テスト前に最後のチェック！
休み時間にも使えるよ♪

「5分間攻略ブック」は取りはずして使用できます。

第1章　私たちの暮らしと現代社会

教科書 p.14~p.33

◎まとめておぼえる！

私たちが生きる現代社会

◆グローバル化…人，もの，お金，情報が地球規模で行き来←インターネットの普及。

◆情報社会…情報通信技術(ICT)の発達で情報化が進む。

・人工知能（AI）の発達や，SNS（ソーシャル・ネットワーキング・サービス）によるつながり。

◆少子高齢化…合計特殊出生率の減少と平均寿命の延びが背景→核家族世帯が増える。

・生産年齢人口の減少で，年金や社会保険の負担が増える。

現代につながる伝統と文化

◆文化…科学，宗教，芸術。科学は技術革新によって便利で豊かな生活をもたらす。

・世界三大宗教はキリスト教，仏教，イスラム教。
・日本では，自然崇拝（アニミズム）が，神道や仏教などと結びつく。

◆伝統文化…衣食住，生活文化，芸能など。

私たちがつくるこれからの社会

◆社会集団…家族や地域社会→人間は社会的存在。

・家族は最も基本的な社会集団。

◆集団で対立が生じる→解決策を話し合い，合意を目ざす。

・全会一致は全員が納得できるが，決定までに時間がかかる。
・多数決は一定の時間内に多くの人の意見を反映できるが，少数意見が反映されにくい。

◆ルールや契約…守るべき義務や責任が生じる←個人の尊重をもとに考える。

・ルールには見直しも必要。

◆効率と公正をふまえて合意を目ざす。

◎資料でおぼえる！

▼日本の年齢別人口割合

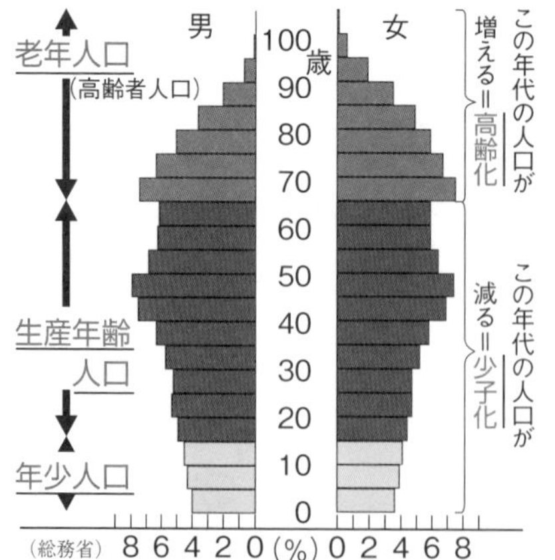

▼対立から合意へのプロセス

対立

効率：場所や時間などを無駄なく使い，より多くの成果を得ることができたか。

公正：
①結果の公正さ　関係する人たちにとって，公平な内容になっているか。
②機会の公正さ　一部の人の権利や利益が不当に制限されていないか。
③手続きの公正さ　関係する人たちが，対等に話し合いに参加しているか。

第2章　1節　日本国憲法の成り立ちと国民主権

教科書 p.40~p.45

◎まとめておぼえる！

人権の考え方と歴史

◆専制政治をたおす市民革命で，自由権・平等権が確立←アメリカ独立宣言やフランス人権宣言など。1948年の世界人権宣言。

・市民革命にはイギリスのロック，フランスのモンテスキューやルソーなどの思想家が影響を与えた。

◆社会権は20世紀のワイマール憲法で確立。

◆大日本帝国憲法…天皇主権。

・人権は臣民の権利として，法律によって制限された。

憲法はこうして生まれた

◆権力者に政治権力を集中させない権力分立が政治のしくみの基本。

◆最高法規である憲法で政治権力を制限する→立憲主義という。

・立憲主義は，人の支配ではなく，法の支配によって実現する。

◆日本国憲法…1946年公布，1947年施行（しこう）。

・ポツダム宣言に基づき，連合国軍総司令部が草案を提示した。

◆基本原理…国民主権・平和主義・基本的人権の尊重。

国民の意思による政治

◆国民主権…政治のあり方を決めるのは国民。

◆憲法改正の手続き…国会による発議→18歳（さい）以上の国民による国民投票。

◆象徴（しょうちょう）天皇制…国事行為（こうい）のみを行う。

・日本国および日本国民統合の象徴。
・国事行為…内閣による助言と承認が必要。

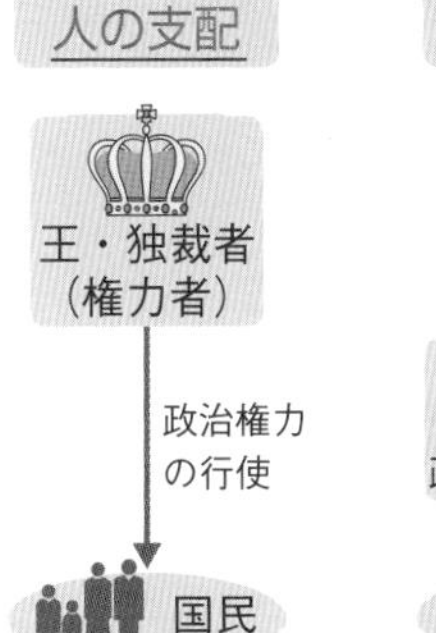

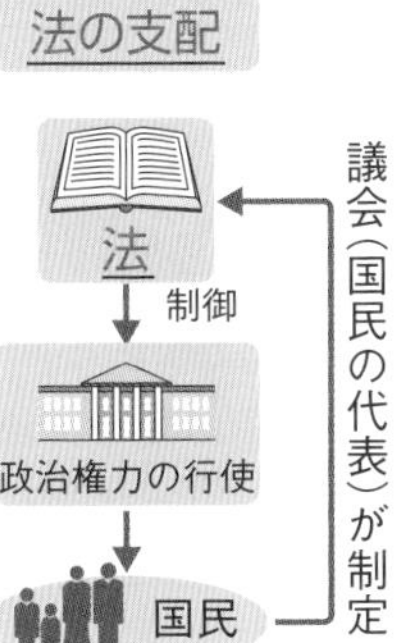

◎資料でおぼえる！

▼人の支配と法の支配

人の支配

王・独裁者（権力者）→政治権力の行使→国民

法の支配

法→制御→政治権力の行使→国民→議会（国民の代表）が制定→法

▼憲法改正の手続き

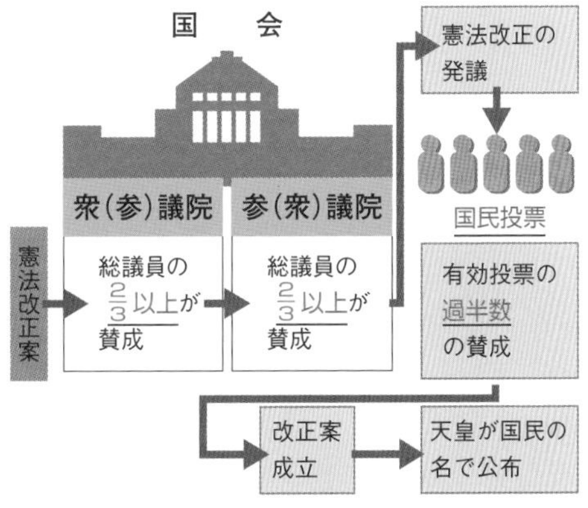

教科書 p.46~p.61

第2章　2節　憲法が保障する基本的人権(1)

◎まとめておぼえる！

基本的人権を尊重すること　平等権

◆人権の根源にある考え方は，個人の尊重→幸福追求権と法の下の平等も重要。

◆平等権…不当な差別をなくす。

・男女の不平等…1985年の男女雇用機会均等法で職場での男女差別を禁止→1999年に男女共同参画社会基本法を制定。

◆部落差別，アイヌ民族への差別，外国人への差別，障がいのある人への差別など。

・同和対策審議会の答申（1965年）
・アイヌ文化振興法（1997年）
・障害者差別解消法では，合理的配慮という考え方を導入。

自由権

◆自由権…国家が人々の活動に不当な介入をしてはならない権利。

◆精神活動の自由…表現の自由や信教の自由。

◆身体の自由…逮捕には令状が必要，黙秘権。

◆経済活動の自由…職業選択の自由や財産権の不可侵など。

・信教の自由…政教分離の原則も大切。
・身体の自由…冤罪をなくす取り組みも大切。

社会権

◆社会権…国家による人間らしい生活の保障。

◆生存権…憲法第25条で保障。「健康で文化的な最低限度の生活を営む権利」。

・社会保障制度によって具体化されている。
・2000年から介護保険制度が導入された。

◆教育を受ける権利…義務教育の無償も保障。

◆勤労の権利と労働基本権（労働三権）。

・労働基本権…団結権，団体交渉権，団体行動権。労働三法を制定。

◎資料でおぼえる！

▼基本的人権の成り立ち

自由権	社会権	参政権・請求権
自由に生きるための権利	人間らしく生きるための権利	基本的な人権を守るための権利

幸福追求権・法の下の平等

個人の尊重

▼労働基本権（労働三権）

種類	内容
団結権	労働組合の結成
団体交渉権	会社側と対等に交渉
団体行動権	ストライキなどを行う

・労働基本権を実現するための，労働基準法，労働組合法，労働関係調整法を労働三法という。

第2章 2節 憲法が保障する基本的人権(2)
3節 私たちと平和主義

教科書 p.62~p.77

◎まとめておぼえる！

参政権と請求権 国民としての責任と義務

- ◆参政権…選挙権と被選挙権，請願権など。
- ◆請求権…裁判を受ける権利など。
- ◆公共の福祉…人権が制限されることも。
- ◆国民の三大義務…子どもに普通教育を受けさせる義務，勤労の義務，納税の義務。

・国家賠償請求権と刑事補償請求権もある。

発展する人権 人権侵害のない世界に

- ◆新しい人権…幸福追求権が根拠。
- ◆環境権…より良い環境で生きる権利。
- ◆知る権利…政府に情報開示を求める権利。
- ◆プライバシーの権利…私生活や個人の情報を守る権利。
- ◆自己決定権…自分の生き方を自分で決める。
- ◆国際人権規約と子どもの権利条約。

・知る権利→情報公開制度。
・プライバシーの権利→個人情報保護法。
・自己決定権→インフォームド・コンセントなど。

私たちと平和主義

- ◆平和主義…日本国憲法前文と第９条。戦争の永久放棄，戦力の不保持，交戦権の否認。
- ◆自衛隊は災害時や国際協力にも出動。
- ◆日米安全保障条約…沖縄県の基地問題。

・唯一の被爆国として，非核三原則を宣言している。

・自衛隊は文民統制（シビリアンコントロール）におかれている。
・国際平和協力法（PKO 協力法）により，海外の平和維持や復興支援活動にも協力。

◎資料でおぼえる！

▼日照権に配慮した建物

・上階が斜めになっている。
・日照権は，環境権の１つ。

▼臓器提供意思表示カード

・自分が脳死と診断された場合の臓器提供の意思を登録しておく。
・自己決定権の１つ。

第3章　1節　民主政治と日本の政治

教科書 p.84~p.91

◎まとめておぼえる！

民主政治ってなんだろう

◆民主主義…多くの人々の参加によって物事を決めようとする考え方。

◆日本は議会制民主主義を採用。多数決の原理には少数意見の尊重が必要。

・直接民主制はスイスの一部の州で行われている。
・間接民主制または代議制ともよばれる。

国民の代表を選ぶ選挙　18歳選挙権と私たち

◆選挙の原則…普通選挙，平等選挙，秘密選挙，直接選挙。

◆衆議院…小選挙区比例代表並立制。

◆課題…一票の格差など。

・2016年から選挙権の最低年齢が18歳に引き下げられた。
・若い世代を中心に，選挙に行かない棄権の問題もある。

・参議院は，選挙区選挙と比例代表選挙を組み合わせている。

願いをかなえる政党政治

◆与党…内閣を組織←野党が批判・監視。

◆政党政治…２つの政党が競い合う二党制。多党制では，連立政権がみられる。

◆政治資金…国庫から政党交付金を提供。

・日本は多党制。一党独裁は民主主義に反する→独裁政治。

マスメディアと政治

◆世論…政治・社会に関する多くの人々の共通意見。新聞やテレビなどのマスメディアが影響力をもつ。

・2013年にインターネットを使った選挙運動が解禁された。
・虚偽の情報（フェイクニュース）への注意が必要。

◎資料でおぼえる！

▼選挙のしくみ

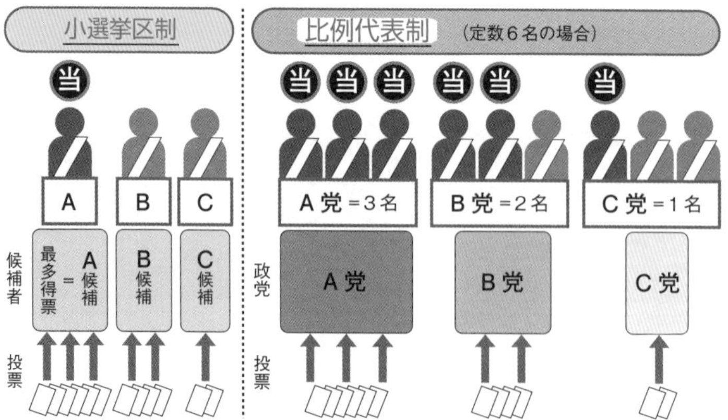

第3章　2節　三権分立のしくみと私たちの政治参加(1)

教科書 p.96~p.99

◎まとめておぼえる！

国会の決定は国民の意思

◆国会…**国権の最高機関**，**唯一の立法機関**。
◆**常会**(通常国会)は毎年１月に召集。
◆**衆議院**と**参議院**の**二院制**…審議や決定をより慎重に行うため。
◆衆議院に大きな権限…**衆議院の優越**←衆議院は任期が短く**解散**がある。

・衆議院と参議院では，議員の任期や選出方法を別にしている。
・定数…衆議院は465人，参議院は248人。
・被選挙権…衆議院は満25歳以上，参議院は満30歳以上。

国会は唯一の立法機関

◆**法律の制定**…立法という。
◆**予算の審議・議決**…税収とその使い道の見積もりを立てる。衆議院に**先議権**。

・予算のうち，１年間の収入を歳入，支出を歳出という。

◆**国政調査権**…内閣の仕事ぶりを調べる。

・国会に証人をよぶ証人喚問が行われることもある。

◆国会議員の中から**内閣総理大臣を指名**。
◆**弾劾裁判**を行う…不適任な裁判官をやめさせるかどうかの判断をする。
◆衆議院と参議院の議決が異なったときは，**両院協議会**が開かれる。

・議案はまず，委員会で審査。委員会では関係者や学識経験者により公聴会が開かれることも。
・本会議…議員全員で構成。委員会での審査後，本会議で可決されると法律に。

◆法律は内閣が提案する**閣法**の成立が多い→議員提出の**議員立法**を増やす努力。

◎資料でおぼえる！

▼衆議院の優越

法律案の議決	衆議院で出席議員の3分の2以上の多数で再可決→法律に
予算の議決 条約の承認 内閣総理大臣の指名	両院協議会でも不一致→衆議院の議決が国会の議決に
予算の先議	衆議院で先に審議
内閣不信任の決議	衆議院のみで行える

▼国会の種類

種類	召集
常会（通常国会）	年１回，１月に召集
臨時会（臨時国会）	内閣または国会議員の要求がある場合
特別会（特別国会）	衆議院解散後の総選挙の日から30日以内
参議院の緊急集会	衆議院解散中に，緊急の必要がある場合

教科書 p.100~p.103

第3章　2節　三権分立のしくみと私たちの政治参加(2)

◎まとめておぼえる！

行政をまとめる内閣

- ◆行政…国会が決めた法律や予算に基づいて，実際に国の政治を行う。
- ◆内閣…行政全体の指揮・監督（かんとく）をする。
- ◆内閣総理大臣（首相）と国務大臣で構成。
- ◆閣議を開き重要方針を決定。
- ◆議院内閣制…内閣は国会に連帯責任。
- ◆**衆議院**の**内閣不信任の決議**権。
- ◆アメリカの大統領制は大統領と議会が独立。
- ◆公務員…**国家公務員**と**地方公務員**。

・内閣の仕事…予算や法律案の作成，条約の締結，最高裁判所長官の指名，天皇の国事行為への助言と承認。

・国務大臣…内閣総理大臣が任命し，過半数は国会議員。大半の大臣は各省庁の長を兼ねる。

・国の行政…文部科学省（教育など），厚生労働省（医療など），外務省（外交など），農林水産省（農業など），防衛省（自衛隊など），国土交通省（鉄道や道路など）。

暮らしと関わる行政

- ◆行政の力が大きくなる→行政の拡大。
- ◆行政改革…民営化や省庁の再編などで，行政の仕事を整理・縮小。
- ◆規制緩和（かんわ）…必要のない規制を見直し，値段の見直しやサービスの向上。
- ◆「小さな政府」（低負担・低福祉）⇔「大きな政府」（高負担・高福祉）

・コンビニでの薬の販売や航空会社の新規参入などは，規制緩和によって可能に。

◎資料でおぼえる！

▼議院内閣制のしくみ

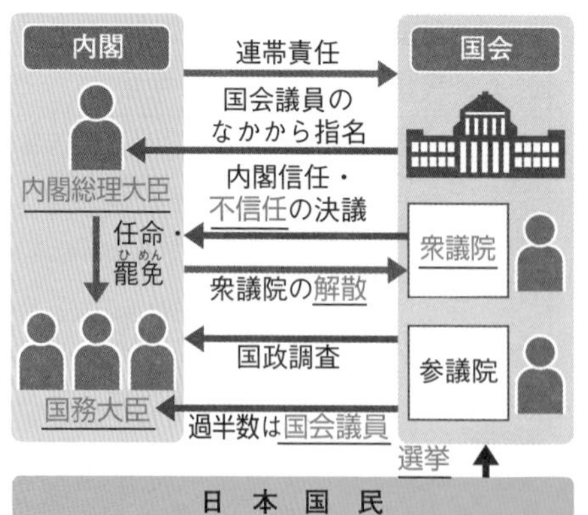

▼行政機関の組織

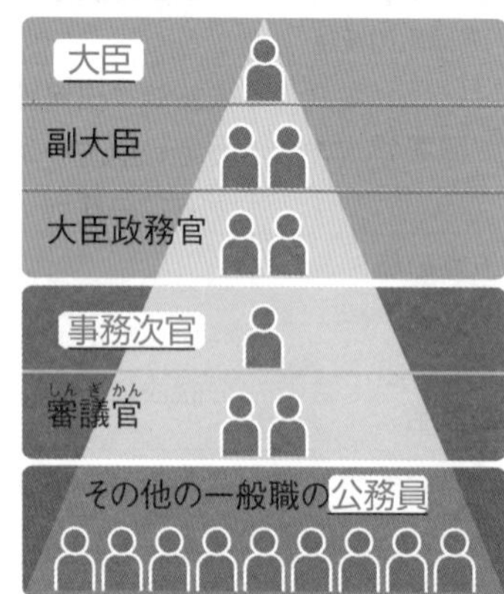

第3章　2節　三権分立のしくみと私たちの政治参加(3)

教科書 p.104~p.113

◎まとめておぼえる！

人権の尊重と裁判

◆司法権…法に基く裁判で争いを解決。
- 裁判所…最高裁判所，高等裁判所，地方裁判所，家庭裁判所，簡易裁判所からなる。

◆司法権の独立…裁判官の身分を保障。
- 心身の故障，弾劾裁判と国民審査以外ではやめさせられない。

◆三審制（さんしんせい）…控訴（こうそ）と上告←慎重（しんちょう）な裁判を行う。

民事裁判と刑事裁判

◆民事裁判…原告と被告（ひこく）の私的なもめごとを争う。行政裁判も民事裁判の一種。
- 民事裁判では，判決の前に和解（示談）を勧められることもある。

◆刑事裁判（けいじさいばん）…有罪か無罪か，刑罰を審理。検察官が被疑者（ひぎしゃ）を被告人（ひこくにん）として起訴（きそ）する。

◆被疑者・被告人の人権保障…弁護人をつける権利や推定無罪の原則。
- 新たな証拠が見つかった時などは再審を請求できる→冤罪を防ぐ。

私たちの司法参加

◆司法制度改革…法テラスの設置など。
- 被害者や遺族の声を反映させるために，被害者参加制度も始まる。

◆20歳（さい）以上の国民から選ばれた裁判員は，重大な刑事裁判の第一審に参加。

互いに監視し合う三つの権力

◆立法権・行政権・司法権が抑制（よくせい）・均衡（きんこう）。
- 国民は，国会に対して選挙，内閣に対して世論，裁判所に対して国民審査で，三権を監督する。

◆違憲立法審査（しんさ）権…最終的に決定権をもつ最高裁判所は憲法の番人とよばれる。

◎資料でおぼえる！

▼三審制と裁判所の種類

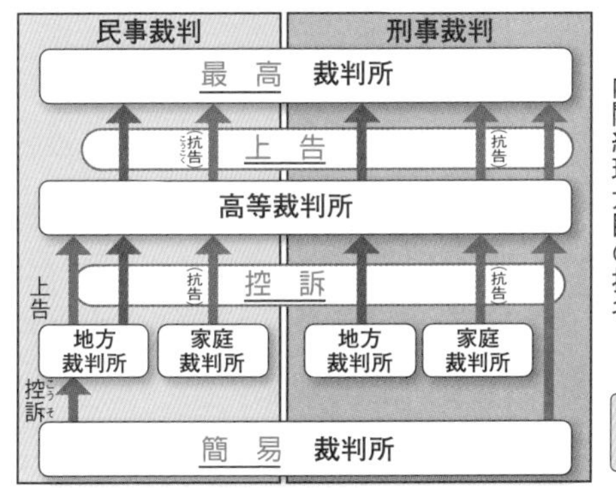

▼三権分立

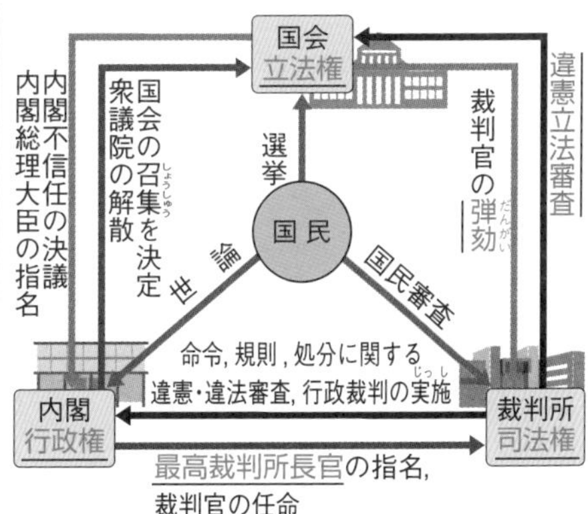

教科書
p.114~p.121

第3章　3節　地方自治と住民の参加

◎まとめておぼえる！

地方自治ってなんだろう

◆地方自治…「**民主主義の学校**」。**中央集権**は自由や権利の保障が難しい→地方分権へ。

・地方分権一括法（1999年）による地方分権改革。

暮らしを支える地域の行政サービス

◆地方公共団体（**都道府県**と**市区町村**）が行政サービスを行う。

・地方自治法に基づく。
・被選挙権…地方議会の議員と市区町村長は25歳以上。都道府県知事は30歳以上。

◆首長が**予算**・条例の案を作成→地方議会が議決。住民は首長と議員の両方を選挙する。

・条例は地方公共団体独自の法。

◆直接請求権…住民が署名を集め，首長や議員の解職や議会の**解散**，監査や**条例の制定**を求めるしくみ。

・住民は情報公開制度やオンブズマン制度で地方自治を監視。

・地域の重要な課題については，住民投票が行われることも。

地域の暮らしを支えるために

◆地方財政…自主財源（主に**地方税**）だけではまかなえない→国から**依存財源**（いぞん）（地方交付税と**国庫支出金**）が支給される。

・さらに足りない財源は借金である地方債で補う。

変わりゆく地域社会

◆市町村合併（がっぺい）…**少子高齢化**（こうれいか）によるサービスの拡充・財源の不足が背景。

・2000年代に「平成の大合併」とよばれる市町村合併が進んだ。

◆ NPO（**非営利団体**）の地方行政との協働。

◎資料でおぼえる！

▼地方自治のしくみ

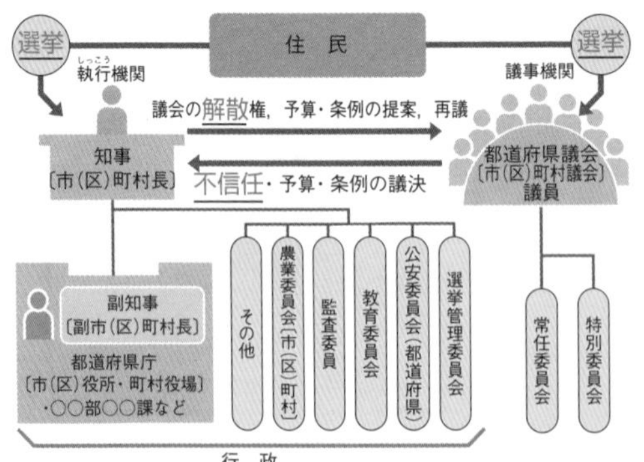

▼直接請求権

内容	必要な署名
条例の制定，改廃（かいはい）	有権者の $\frac{1}{50}$ 以上
事務の監査（かんさ）	
議会の解散	有権者の $\frac{1}{3}$ 以上
議員・首長の解職	
主要な職員の解職	

第4章　1節　消費生活と経済活動

教科書
p.130~p.135

◎まとめておぼえる！

家計ってなんだろう

◆家計…働いて得た所得をもとに財やサービスを消費する経済活動。

・財は形のある商品，サービスは形のない商品。
・消費は適切な選択によって行われる。

◆貯蓄…将来に備えて所得をためておくこと。銀行預金や保険，債券（さいけん）など。

・クレジットカードの利用には注意が必要。
・電子マネー…IC カードや携帯電話を利用。

消費者を守るもの，支えるもの

◆経済は分業により生産された財やサービスを，交換（こうかん）することで成立。

・交換はお互いの信用に基づいて行われる。

◆消費者保護基本法→消費者基本法に改正。

◆製造物責任法（PL 法）…商品の欠陥（けっかん）で損害を受けた場合の企業（きぎょう）の責任を定める。

◆クーリング・オフ制度，消費者契約（けいやく）法，消費者庁の設置など。

・クーリング・オフ…訪問販売などで購入した場合，一定期間なら契約を解除できる。

◆契約…口頭での売買も契約が成立している。

生産と消費を結ぶ

◆流通業…商業（小売業（こうり）と卸売業（おろしうり））を中心に，運送業や倉庫業など，生産と消費を結ぶ。

・流通関連業には，運送業，倉庫業，保険業，広告業などがある。

◆インターネットの普及（ふきゅう）で流通のあり方も変わってきている。

◎資料でおぼえる！

▼流通のしくみ

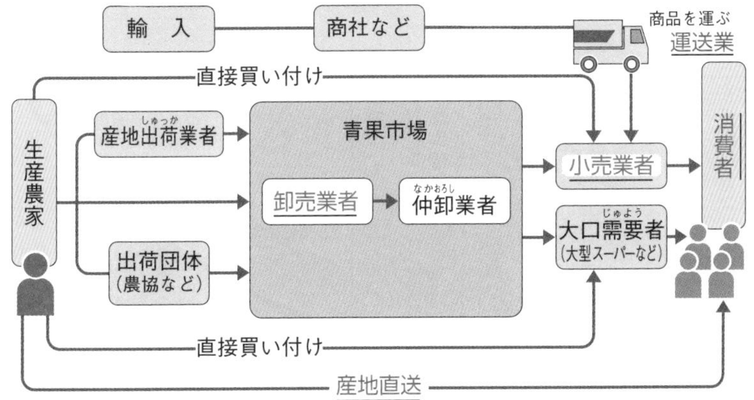

第4章　2節　企業の生産のしくみと労働
3節　市場のしくみとはたらき

教科書 p.136~p.151

◎まとめておぼえる！

生産と企業　企業の種類　株式会社のしくみ

◆**私企業**…**利益**(**利潤**)を目的に生産活動を行う→**資本主義経済**。

◆**公企業**…国や地方公共団体が運営。

◆**個人企業**と**会社企業**。

◆**大企業**と**中小企業**。**ベンチャー企業**も。

◆**株式会社**…**株式**を発行し**資本金**を集める。

働く人の権利　これからの働き方

◆労働者は企業と**労働契約**を結ぶ。

◆労働三法…**労働基準法**，**労働組合法**，**労働関係調整法**。

◆**終身雇用**・**年功序列型賃金**から能力給へ。

◆**非正規労働者**と正社員との経済的**格差**。

◆**ワーク・ライフ・バランス**の実現。

価格の決まり方　市場の長所と短所

◆**価格**…**需要**と**供給**の関係で決まる。**市場経済**は**市場メカニズム**によって価格が決まる。

◆**独占価格**…企業どうしの話し合いなどで一方的に決められる価格。**独占禁止**法で禁止。

◆**公共料金**…国や地方公共団体が管理。

・生産には，土地・資本・労働力の他に，「知的財産」も必要。

・中小企業…大企業の下請けとなることも多いが，高い技術力をもつ企業もある。
・ベンチャー企業…高度な知識や技術を背景に起業する企業。

・株主…会計情報のほか，企業の社会的責任（CSR）を果たしているかどうかも考慮して，投資先を決める。

・労働基準法…労働条件の最低基準。

・非正規労働者…パートタイム労働者やアルバイト，派遣社員。

・需要量と供給量が一致した価格を均衡価格という。

・独占禁止法は公正取引委員会が運用にあたる。

・電気・ガス・水道・教育など，国民生活に影響が大きいもの。

◎資料でおぼえる！

▼株式会社のしくみ

株主
出席 委任 → 株主総会
・決算の承認
・取締役会，監査役の選任など
→ 株式会社
取締役会　業務の方針を決定 — 役員　社長　専務　常務　など
監査役　会計・業務の監査 — 社員　○○部　○○課　など
投資 →
← 配当

▼需要と供給と価格の関係

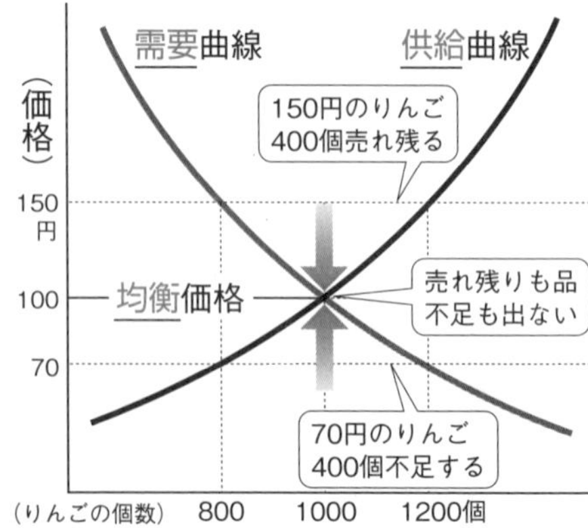

第4章　4節　金融のしくみと財政の役割

教科書 p.152~p.163

◎まとめておぼえる！

金融と銀行のはたらき　株式市場のはたらき

- ◆**銀行**など**金融機関**（きんゆう）は，資金の貸し借りの仲立ちをし，**利子**の差額が銀行の利益に。
  - ・家計や企業から預金を預かり，必要とする企業や家計に融資する。
- ◆日本の**中央銀行**は**日本銀行**。
  - ・紙幣を発行する発券銀行でもあり，一般の銀行にお金を貸し出す銀行の銀行，政府の資金を取り扱う政府の銀行でもある。
- ◆**間接金融**…企業が銀行から資金を調達。
- ◆**直接金融**…企業が**証券市場**を通じて，資金を調達。**株価**は需要（じゅよう）と供給で決まる。

財政の役割　税金　政府の収入と支出

- ◆**財政**…政府の経済活動。**資源配分**，**所得の再分配**，**経済の安定化**の三つの役割。
- ◆**累進課税**（るいしん）…所得が多い人ほど高い税率。
  - ・消費税などの間接税は，所得の低い人ほど負担が大きくなる逆進性の問題がある。
- ◆**予算**…**歳入**（さいにゅう）と**歳出**の計画。
  - ・政府の１年間の収入である歳入は，税金（租税）のほか，公債金が大きな割合を占める。
- ◆**歳出**…１年間の政府の支出。国の歳出は**社会保障**（ほしょう）**関係費**と国債（こくさい）費の割合が大きい。
- ◆**公債**…国や地方公共団体の借金。
  - ・国の借金が国債，地方公共団体の借金が地方債。

経済政策が目ざすもの

- ◆経済成長…**国内総生産**（**GDP**）が増大。
- ◆景気の循環（じゅんかん）…**好況**（こうきょう）と**不況**をくり返す。
  - ・好況が行き過ぎるとインフレーション，不況が行き過ぎるとデフレーションが起こる。
- ◆**金融政策**（きんゆう）…日本銀行が**国債**や手形の売買（**公開市場操作**）などにより景気を調整。
  - ・財政政策…政府が行う。不景気のとき減税し，公共事業を増やす。

◎資料でおぼえる！

▼主な税金

	直接税	間接税
国税	所得税 法人税 相続税	消費税 揮発油税 酒税 関税（かんぜい）
地方税	住民税 事業税 自動車税 固定資産税	たばこ税 ゴルフ場利用税 地方消費税

▼景気循環の様子

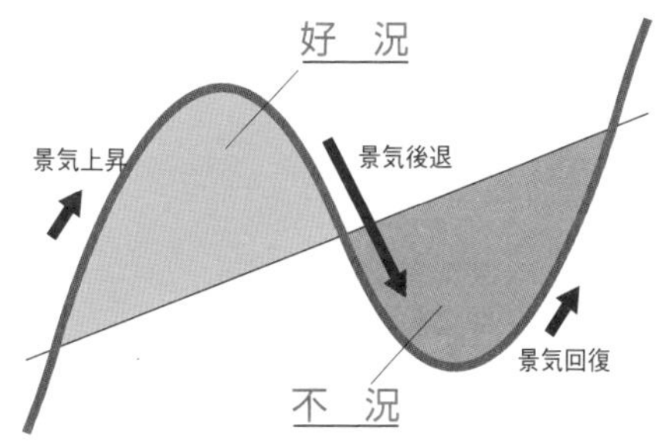

第5章　安心して豊かに暮らせる社会

教科書 p.170~p.187

◎まとめておぼえる！

互いに助け合う社会　社会保障の維持のために

◆社会保障…憲法第25条生存権に基づく。

◆社会保障の四つの柱…社会保険，公的扶助，社会福祉，公衆衛生。

◆介護保険制度…40歳以上が加入。

・少子高齢化…現役世代が減るため税入が減り，高齢者が増えるため，医療費や介護にかかる費用が増える。

暮らしやすいまちづくりへ

◆社会資本…バリアフリーやユニバーサルデザインを導入。

・バリアフリー…施設から物理的・心理的な「壁」を取り除く。
・ユニバーサルデザイン…すべての人にとって使いやすいデザイン。

循環型社会に向けて

◆高度経済成長期に四大公害の発生。

・四大公害…新潟水俣病，四日市ぜんそく，イタイイタイ病，水俣病。水質汚濁や大気汚染が原因。

◆公害対策基本法と環境庁の設置。

◆汚染者負担の法則（PPP）…公害に伴う費用は，発生者が負担する。

・環境アセスメント…工場建設や地域開発を計画する際，事前に環境への影響を評価する。

◆環境基本法の制定。

グローバル化する経済　新たな日本経済

◆グローバル化の影響…多国籍企業の増加や，産業の空洞化の問題。

・多国籍企業…海外に生産・販売の拠点をもつ大企業。
・産業の空洞化…企業が賃金の安い海外に工場などを移すことによって，国内の産業が衰えること。

◆ものづくりと地域の力を生かす…地域の農産物や水産物を生かした六次産業化の動き。

◎資料でおぼえる！

▼社会保障のしくみ

種類	仕事の内容
社会保険	健康保険　介護保険 年金保険　雇用保険 労働者災害補償保険
公的扶助	生活保護など （生活・教育・住宅・医療などの援助）
社会福祉	高齢者福祉　児童福祉 身体障がい者福祉 母子福祉
公衆衛生	感染症予防　上下水道整備 廃棄物処理　公害対策など

▼循環型社会

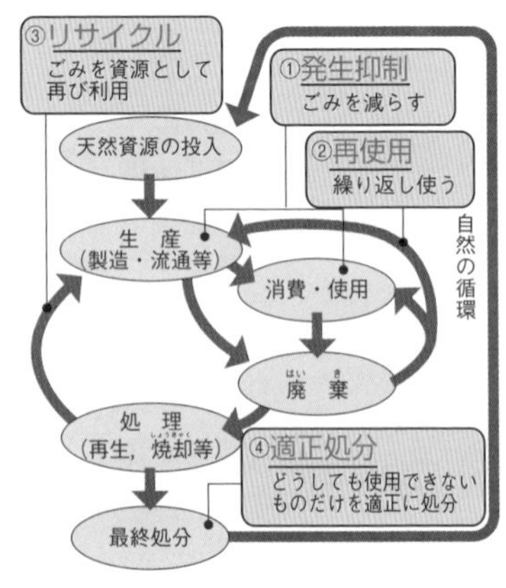

第6章　1節　国際社会の平和を目ざして

教科書 p.194~p.207

◎まとめておぼえる！

国家と国際法　国家と領土

◆主権国家…国民・領域・主権からなる。
◆国旗・国歌の尊重。
◆国際法…国際慣習法と条約。
◆不法占拠…北方領土(ロシア)と竹島(韓国)
←日本は交渉と抗議を続ける。
◆尖閣諸島…中国が領有を主張。

・主権…ほかの国から支配されたり干渉されず，政治や外交について自ら決める権利。

・日本の国旗は「日章旗（日の丸）」，国歌は「君が代」。

国際社会のまとめ役

◆国際連合(国連)…紛争の解決と世界の平和の維持。
◆安全保障理事会…常任理事国に拒否権。
◆平和維持活動(PKO)…停戦などを監視。

・常任理事国…アメリカ，ロシア，イギリス，フランス，中華人民共和国。

地域統合の光と影

◆ヨーロッパ連合(EU)…共通通貨ユーロ。
◆東南アジア諸国連合(ASEAN)。

・日本はアジア太平洋経済協力（APEC）に参加。
・環太平洋パートナーシップ（TPP）協定にも参加。

世界の一員として　核なき世界の実現へ

◆日本の国際貢献…政府開発援助(ODA)を提供。
◆ NGO（非政府組織)の活動も活発に。

・唯一の核兵器被爆国として核廃絶を求める。一方で核兵器不拡散条約（NPT）に加わらない国も。

◎資料でおぼえる！

▼国の領域

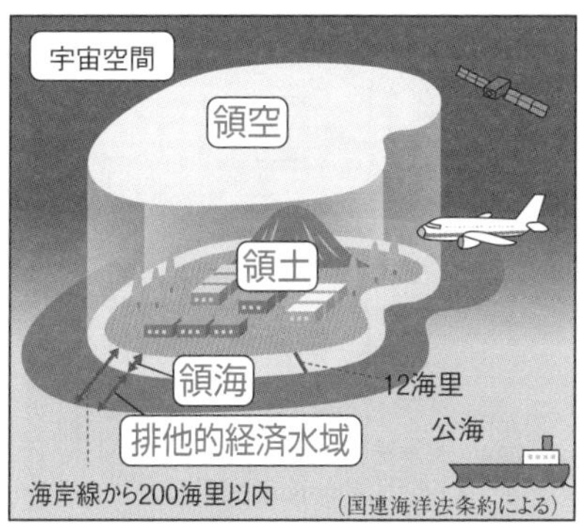

▼国際連合の主な機関

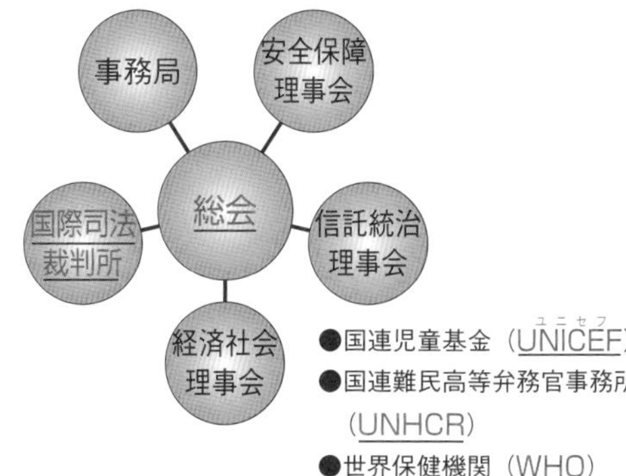

●国連児童基金（UNICEF）
●国連難民高等弁務官事務所（UNHCR）
●世界保健機関（WHO）
●国連教育科学文化機関（UNESCO）

第6章　2節　国際社会が抱える課題と私たち

教科書 p.208~p.221

◎まとめておぼえる！

終わらない地域紛争　さまざまな価値観の中で

- ◆**地域紛争**…冷戦の終結後，**民族紛争**や内戦が各地で発生→**難民**の増加。
  - ・難民…紛争や迫害を避けて，自国から他国に逃れた人々。
  - ・国連難民高等弁務官事務所（UNHCR）…難民の保護や救援活動。
- ◆**テロリズム(テロ)**…暴力で人々の恐怖心を引き起こし，政治的な目的を達成。
- ◆パレスチナ問題など，民族紛争は宗教を原因とするものが多い。

経済格差　人口と食糧　子どもと女性の問題

- ◆**人間の安全保障**…すべての人々が人間らしく安心して生きる社会を目ざす。
  - ・持続可能な開発目標（SDGs）が2015年に採択→17の目標を掲げて取り組む。
- ◆**南北問題**と**南南問題**。
  - ・南北問題…先進工業国（先進国）と発展途上国（途上国）間の経済格差。
  - ・南南問題…途上国の間の経済格差。
- ◆**食糧不足**と**水不足**の問題。
- ◆**貧困率**が高い地域では**子ども兵士**の問題も。

これからの資源とエネルギー　「生命の星」を守るために

- ◆**原子力発電**…放射性廃棄物と安全性。
- ◆**再生可能エネルギー**の開発を進める。
  - ・2011年の東日本大震災の津波による事故で，原子力発電への懸念が高まった。
  - ・日本の電力…水力発電，火力発電，原子力発電がほとんど。
  - ・再生可能エネルギー…太陽光，風力，地熱，バイオマスなど。
- ◆深刻な**地球環境問題**…**砂漠化**，**酸性雨**。
- ◆**地球温暖化**…**温室効果ガス**削減の取り組み←**京都議定書**や**パリ協定**など。
- ◆「**持続可能な発展**」を目ざす。

◎資料でおぼえる！

▼アフリカの主な紛争地域

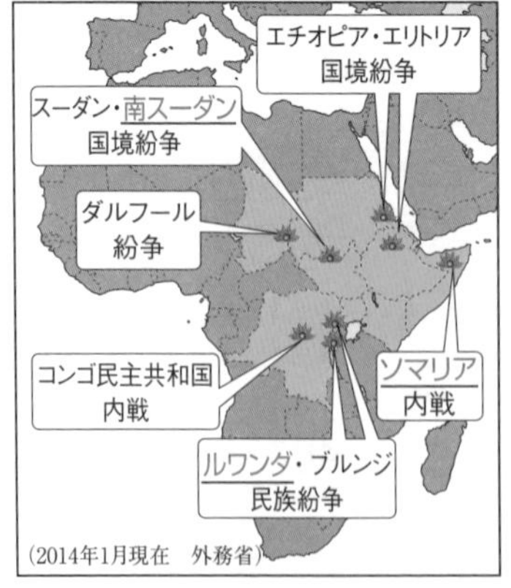

▼地球環境問題のかかわり

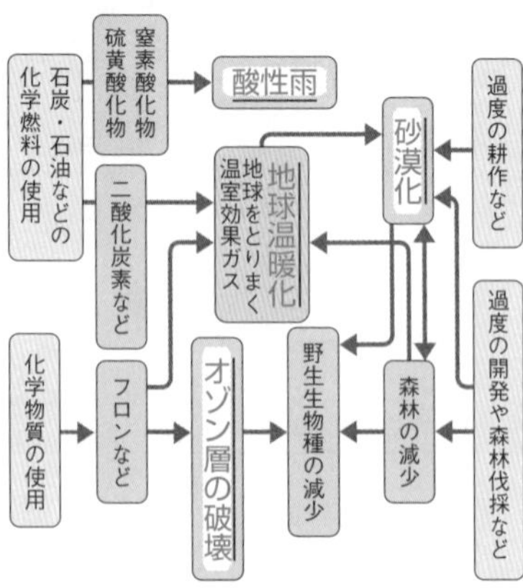